AF316486

# J'ARRÊTE DE RÂLER AU BOULOT !

**Éditions Eyrolles**
61, bd Saint-Germain
75240 Paris Cedex 05
www.editions-eyrolles.com

La collection « J'arrête de… » est dirigée par Anne Ghesquière, fondatrice du magazine FemininBio.com, pour mieux vivre sa vie !

Dans la même collection :

*J'arrête de stresser !*, Patrick Amar et Silvia André
*J'arrête d'avoir peur !*, Marie-France et Emmanuel Ballet de Coquereaumont
*J'arrête d'être mal dans mon couple !*,
     Marie-France et Emmanuel Ballet de Coquereaumont
*J'arrête de procrastiner !*, Diane Ballonad Rolland
*J'arrête les relations toxiques !*, Marion Blique
*J'arrête de (me) juger !*, Olivier Clerc
*J'arrête d'être jaloux(se) !*, Bernard Geberowicz
*J'arrête d'être parfaite, Cindy Ghys*
*J'arrête la malbouffe !*, Marion Kaplan
*J'arrête de surconsommer !*, Marie Lefèvre et Herveline Verbeken
*J'arrête d'être hyperconnectée !*, Catherine Lejealle
*J'arrête de râler !* L'intégrale, Christine Lewicki
*J'arrête de râler sur mes enfants (et mon conjoint) !*,
     Christine Lewicki et Florence Leroy
*J'arrête d'être addict !*, Olivier Lockert et Gérard Cervi
*J'arrête de ramollir !*, Barbara Meyer
*J'arrête d'être débordée !*, Barbara Meyer et Isabelle Neveux
*J'arrête de m'épuiser !*, Marlène Schiappa et Cédric Bruguière
*J'arrête le superflu !*, Joanne Tatham

Illustrations originales : Clod (sauf p. 78 : © Majorelle, et p. 103 : © Shutterstock)
Création de maquette : Hung Ho Thanh
Mise en page : STDI

En application de la loi du 11 mars 1957, il est interdit de reproduire intégralement ou partiellement le présent ouvrage, sur quelque support que ce soit, sans autorisation de l'éditeur ou du Centre français d'exploitation du droit de copie, 20, rue des Grands-Augustins, 75006 Paris.

© Éditions Eyrolles, 2018
ISBN : 978-2-212-56640-6

Christine Lewicki
Emmanuelle Nave

# J'ARRÊTE DE RÂLER AU BOULOT !

## 21 jours pour être (enfin) heureux au travail

EYROLLES

# Dédicace

Nous dédicaçons ce livre aux pionniers du challenge J'arrête de râler au boulot : ceux qui nous ont fait confiance dès le début et qui ont osé se lancer dans l'aventure J'arrête de râler au boulot au sein de leur entreprise : les équipes de la ville de Suresnes, celles de Groupama Protection Juridique, les collaborateurs du groupe Palpix FemininBio ainsi que ceux de Suez agence Poitou Charentes.

Nous remercions nos amis relecteurs, et tout particulièrement les experts qui ont accepté avec simplicité et enthousiasme de contribuer à notre livre :

- Philippe Détrie, fondateur de la Maison du Management ;
- Philippe Gabilliet, professeur de psychologie positive et porte-parole de la Ligue des optimistes de France ;
- Fabrice Heyries, directeur général adjoint en charge des ressources humaines de Groupama ;
- Olivier Lapoix, consultant, accompagne la construction du dialogue social par l'approche systémique, la médiation et la communication non violente ;
- Pierre-Éric Sutter, psychologue du travail, dirigeant l'Observatoire de la vie au travail et mars-lab, cabinet de conseil en prévention de la santé mentale au travail et en optimisation de la performance sociale.

> *« La folie est de faire toujours la même chose et d'attendre un résultat différent. »*
> Albert Einstein

# Sommaire



© Groupe Eyrolles

© Groupe Eyrolles

# Ils ont testé et approuvé...

« Lorsque le travailleur concrétise ses idéaux professionnels et voit l'impact du résultat de son travail, moins il râle et plus il s'épanouit ! »

Pierre-Éric Sutter, psychologue du travail, directeur de l'Observatoire de la vie au travail (OVAT) et de mars-lab, cabinet de conseil en prévention de la santé mentale au travail et en optimisation de la performance sociale

« Entraînons-nous et entraînons les autres, nos collaborateurs, nos proches, à se remémorer inlassablement et en boucle ce qui fait ressource en eux, où se situent leurs marges de manœuvre et d'influence et l'ensemble des solutions qu'ils ont déjà eu l'occasion de trouver et d'expérimenter dans le passé. Par la focalisation récurrente de notre esprit sur ce qui va bien, ce qui fait ressource en nous et autour de nous, et surtout sur ce que l'on peut en faire, nous posons les bases d'une saine et contagieuse rumination optimisme ! »

Philippe Gabilliet, professeur de psychologie positive, porte-parole de la Ligue des optimistes de France

« Sans prétention ni jugement et sans culpabilisation, ce livre nous invite à prendre conscience des impacts de nos râleries sur nous-même et sur les autres. »
Caroline, responsable pôle Petite enfance, ville de Suresnes

« Lorsque l'occasion s'est présentée de réaliser les ateliers au sein de l'entreprise dont j'ai la responsabilité, j'ai vite imaginé le bien-être qu'une cure d'optimisme pourrait apporter dans l'efficacité collective. »
Gilles Gravereaux, directeur d'entité opérationnelle,
Suez Environnement

« Je peux témoigner que la dynamique de groupe mise en place a dépassé les participants du programme J'arrête de râler au boulot et a permis de diffuser du positif à l'ensemble des entreprises. »
Michaël Amand, directeur général
IDIX/FémininBio

« Le programme J'arrête de râler au boulot concourt à inciter chacun à agir pour améliorer sa vie au quotidien, en suscitant des idées, des initiatives, des prises de responsabilité. »
Fabrice Heyries, directeur général adjoint
en charge des ressources humaines, Groupama

# Les 10 convictions qui nous ont guidées pour écrire ce livre

1. Il y a plein de raisons valables de râler au boulot !
2. Nos râleries du quotidien ont un objectif, celui de prendre soin de nos besoins, mais la stratégie que nous utilisons (râler) ne marche pas ! Nous espérons amener les autres à rejoindre notre point de vue ou à changer, mais nous cultivons au contraire un climat de fuite ou de défense.
3. La source de nos résistances réside dans nos habitudes. Nous réagissons trop souvent en pilote automatique sans avoir conscience de l'impact de notre comportement sur notre expérience au travail.
4. De nombreux projets, petits ou grands, sont mis en échec par des comportements relationnels empreints de cynisme ou de critique, alors que l'envie profonde de chacun est d'évoluer dans un environnement optimiste et bienveillant.
5. Nous avons la capacité de changer nos habitudes et de développer une nouvelle posture plus satisfaisante vis-à-vis des frustrations rencontrées au quotidien. Nous pouvons ainsi nous donner les moyens de développer des relations humaines au travail plus nourrissantes et constructives.
6. Notre lieu de travail, avec ses activités et ses relations, peut être un lieu d'épanouissement personnel, pour chacun d'entre nous, et au service d'un objectif commun. Le travail, avant d'être facteur de risque, est un facteur de santé.
7. Le monde professionnel peut être un lieu de partage, d'humanité, un lieu de qualité et d'équilibre de vie.
8. Les relations humaines positives sont un levier puissant de réussite des projets collectifs.
9. Il n'y a pas de goutte d'eau inutile. Chaque petit changement compte, chacun, quel que soit son poste dans l'entreprise, peut contribuer à en faire le lieu dans lequel il a envie d'évoluer.
10. Notre certitude profonde est que nous disposons, à l'échelle individuelle, de beaucoup plus de pouvoir que nous ne l'imaginons pour transformer notre expérience au travail et celle de notre entourage. Notre ambition est de faire bénéficier le plus grand nombre de cette découverte merveilleuse.

© Groupe Eyrolles

# Introduction

Vous traînez des pieds le matin pour aller au boulot. Franchement, vous préféreriez rester au lit ou aller au ciné. Le dimanche soir (pour certains même dès le dimanche matin), vous êtes démoralisé à l'idée de retourner travailler le lendemain. Mais vous n'avez pas vraiment le choix, alors vous y allez, et finalement, la semaine passe sans enthousiasme, plus ou moins vite, avec les désagréments habituels du quotidien. Dès le mercredi, vous commencez à penser au week-end et vous pouvez vous projeter : on y est presque, plus que quelques jours et vous allez enfin pouvoir profiter. Le vendredi est souvent le meilleur jour de votre semaine car il marque votre libération. Entre les « je me sens comme un lundi » et les « vivement vendredi », 5 jours sur 7 de votre vie passent et ne sont pas vraiment vécus !

Le sociologue Jean Viard[1] nous dit que « le pic du bonheur se situe aujourd'hui à 70 ans » ! Il est au plus bas entre 20 et 50 ans, « au moment où il faut tout mener de front, vie professionnelle, familiale avec l'éducation des enfants ». Entre 20 et 50 ans, nous avons donc trente ans de notre vie durant lesquels la majorité d'entre nous passe la plus grande partie de notre semaine au boulot. Voulons-nous passer 30 ans de notre vie précieuse en suspens, à espérer que le temps passe plus vite, à subir et résister, à attendre le week-end ou les prochaines vacances ? C'est du pur gâchis, non ?

Nous pourrions bien sûr faire le choix d'aller vivre en autarcie, tranquille au milieu de la nature, de notre potager et de quelques animaux, ainsi nous n'aurions plus besoin de travailler (bien que cela demande du travail...). Mais si vous lisez ce livre, c'est probablement que vous avez fait le choix d'une vie dans laquelle le travail est important et nécessaire pour subvenir à vos besoins. Pourtant, au-delà du salaire, nous avons la conviction que le travail peut nous apporter beaucoup plus. C'est un terrain de jeux pour apprendre à se connaître, pour développer nos compétences et activer nos talents, pour évoluer et se dépasser, pour tisser du lien, pour révéler le meilleur de nous-mêmes et nous rendre utiles. Nous voudrions partager avec vous l'idée que le travail est probablement le meilleur endroit pour s'épanouir et contribuer au monde. Pour cela, nous devons apprendre à changer notre perspective

---

1. http://tempsreel.nouvelobs.com/societe/20131023.OBS2270/nous-ne-passons-plus-que-12-de-notre-vie-au-travail.html

sur le boulot. Nous devons choisir comment nous voulons nous positionner face aux aléas du quotidien et activer toutes les ressources que nous avons en nous pour être la personne que nous voulons vraiment quand nous franchissons la porte de notre travail le lundi matin.

Ce livre vous invite à vous sevrer de l'habitude de râler, qui est le symptôme d'une perception du travail comme un lieu de contrainte, plutôt que comme une source de possibilités, et à le considérer sous un angle nouveau, plus positif, plus épanouissant et libérateur. Et pourtant, comme nous le verrons, nous avons tous plein de très bonnes raisons de râler au boulot. Avant toute chose, nous vous présenterons le fameux challenge J'arrête de râler au boulot, qui consiste à faire un effort conscient pour ne pas râler pendant 21 jours consécutifs. Ensuite viendra le temps de répondre à des questions légitimes. Que se cache-t-il sous nos râleries ? Pourquoi râlons-nous, que cherchons-nous à obtenir avec cette stratégie et surtout est-ce que cela marche ? Comment se sevrer de cette habitude de râler et puiser en nous d'autres ressources pour gérer nos frustrations du quotidien ? Puis nous développerons en quoi ce challenge va plus loin que le simple fait de ne plus râler et permet à ceux qui ont l'audace de s'y engager de cultiver une nouvelle posture plus satisfaisante sur la vie. Pour ceux qui souhaiteraient importer ce challenge sur leur lieu de travail, nous vous présenterons les opportunités du challenge et ce que nous avons appris nous-mêmes en accompagnant plusieurs entreprises dans l'aventure. Tout au long de l'ouvrage, nous vous communiquerons quelques outils concrets pour réussir à arrêter de râler au boulot !

Dans ce livre, nous nous adressons surtout aux salariés des entreprises, parce que c'est la situation la plus fréquente actuellement en France. Mais bien sûr, d'autres situations professionnelles existent : professions libérales, entrepreneurs, artisans, intérimaires, fonctionnaires, exploitants agricoles, intermittents... ou auteurs ! Si nous parlons souvent du monde de l'entreprise, nous pensons que les clés que nous vous offrons seront utiles à tous, et peuvent être transposées dans n'importe quel univers professionnel. Vous évoluez dans un environnement, peut-être pas avec des collègues salariés, mais des collègues de la profession, des personnes-ressources, des clients et des fournisseurs... aucun métier n'est sans relation. Si vous n'avez pas « d'entreprise » ou de « collègues » remplacez ces mots par « environnement professionnel ».

Vous êtes prêts à commencer le challenge ? À vous de jouer !

© Groupe Eyrolles

J'arrête de râler
J'arrête de râler

# Je comprends

# CHAPITRE 1
# Je me familiarise avec le challenge

Aujourd'hui, ce qui mine notre quotidien ce sont nos râleries. Ce ne sont pas les évènements, qui nous rendent malheureux, c'est notre façon de vivre les évènements. Faire les choses en bougonnant, s'énerver sur son ordinateur, râler dans le métro ou au volant de notre voiture, cancaner, se plaindre du patron, des enfants, de la politique, de la météo, soupirer, rechigner, résister encore et toujours… Cela nous pollue la vie et, soyons réalistes, c'est tout à fait stérile. Pensez-vous vraiment que cela punit l'informatique, les bouchons, les collègues ou votre hiérarchie ? Qui est la première personne qui subit vos râleries ? C'est vous. C'est vous qui vivez dans cette ambiance morose, critique, cet énervement, cette frustration et cette insatisfaction. Et ce qui est extraordinaire, c'est que de la même manière que c'est vous-même qui créez cela, vous avez aussi tout le pouvoir de vous en libérer.

## Un challenge pour se sevrer d'une habitude

Râler est une habitude. Il suffit de s'observer un peu pour voir que nous râlons par réflexe et que, dans la grande majorité des cas, nous ne nous en rendons même pas compte ! Nous ne faisons pas le choix conscient de râler. Nous ne nous disons pas : « Tiens, je pense que la meilleure stratégie à adopter pour régler mon problème est de râler ! » Non, nous râlons par habitude et notre cerveau est programmé pour générer cette réaction de manière automatique dès que nous sommes frustrés par quelque chose. Cette réaction est tellement rapide qu'il est difficile au début, quand nous voulons nous en sevrer, de réussir à la contrôler.

Le problème le plus important avec cette habitude est qu'elle crée des modes de pensée et d'action que notre cerveau use encore et toujours – au point que peu à peu, ils deviennent notre mode de réponse dominant jusqu'à exclure les autres modes de réponse possible.

© Groupe Eyrolles

## Quand les neurosciences expliquent l'impact des râleries

Steven Parton[1] explique comment le fait de se plaindre altère non seulement les synapses de notre cerveau, mais a également de graves répercussions négatives sur notre santé mentale. Il va même jusqu'à affirmer « Se plaindre peut littéralement vous tuer[2] ! » Comment la science peut-elle arriver à une telle conclusion ? Pour cela, il faut partir d'une des premières leçons qu'apprennent les étudiants en neurosciences : « Les synapses qui s'activent ensemble s'assemblent. »

À l'intérieur de nos cerveaux existent des synapses (zones situées entre deux neurones) qui assurent le transport des informations d'une cellule à une autre. Ces synapses existent dans un espace vide appelé la fente synaptique.

Chaque fois que nous avons une pensée, une synapse envoie un produit chimique dans la fente vers une autre synapse, créant ainsi un « pont » sur lequel un signal électrique peut traverser en transportant la charge de l'information pertinente. Le problème, nous explique Steve Parton, est que « chaque fois que cette charge électrique est déclenchée, les synapses se rapprochent ensemble afin de diminuer la distance que la charge électrique doit traverser. Le cerveau recâble lui-même son propre circuit (se change physiquement) pour faciliter le partage des signaux électriques afin d'aider la pensée à se déclencher ». Donc avoir une pensée facilite pour le cerveau la « tâche » d'avoir une pensée similaire.

Ce qui voudrait dire que petit à petit, nos râleries engendrent d'autres râleries sans même que nous en soyons conscients ! Non seulement nos râleries répétées augmentent la création de râleries toujours plus négatives, mais il est aussi fort probable qu'elles se manifestent sans être invitées, à n'importe quel moment, alors que nous sommes tout simplement occupés à naviguer dans notre quotidien.

Ces synapses rapprochées jour après jour nous amènent à cultiver une vision pessimiste de la vie. Plus nos râleries se répètent, plus nous rapprochons la paire de synapses qui les représente. Quand nous sommes confrontés à une frustration ordinaire du quotidien au boulot et que nous sommes amenés à choisir la posture que nous voulons prendre, la pensée qui gagne sera celle qui a le moins de distance à parcourir, celle qui aura créé le pont le plus rapide entre les synapses : la râlerie ! Nous nous retrouvons dans une spirale de négativité qui se déploie sans que nous puissions la contrôler.

---

1. Auteur de « The science of happiness: why complaining is literally killing you » (à lire sur www.curiousapes.com).
2. Propos repris sur le site « Psych Pedia ».

© Groupe Eyrolles

J'ARRÊTE
DE RÂLER
AU BOULOT !

Heureusement pour nous, la science nous dit aussi que les pensées positives et la gratitude travaillent avec autant d'efficacité dans le sens opposé, puisque le phénomène scientifique marche dans les deux sens. *En faisant un effort conscient pendant plusieurs semaines (3 semaines, soit 21 jours nous disent les chercheurs), nous pouvons petit à petit « recâbler » notre cerveau et mettre en place une spirale vertueuse qui augmentera nettement la qualité de notre expérience de vie (et de notre santé).*

Des études scientifiques nous enseignent que 21 jours sont le temps nécessaire pour créer de nouvelles connexions dans notre cerveau et créer une nouvelle habitude, 21 jours où nous devons faire un « effort conscient » pour ensuite pouvoir « inconsciemment et sans effort » réussir à fonctionner autrement, sans râler. Nous passons d'un cercle vicieux à un cercle vertueux.

Il a par ailleurs été observé qu'il fallait au moins dix occasions d'apprendre pour commencer à former un nouveau mode de réponse. D'où l'importance de ce challenge qui va nous permettre de pratiquer, d'apprendre, de rééduquer afin de créer littéralement de nouvelles connexions dans notre cerveau. Progressivement, le réflexe, l'habitude de râler va se dissiper, jusqu'à disparaître. Et par la suite, nous n'aurons plus besoin de fournir un gros effort pour ne pas râler, car notre corps aura profondément enregistré cette nouvelle manière de faire. Notre « muscle râlerie » sera affaibli et notre « muscle du bonheur » sera fort et puissant. C'est ainsi que ce qui commence par un challenge quasi impossible devient par la suite une seconde nature.

Dans toutes les situations, nous pouvons apprendre à quitter nos pensées négatives pour développer des pensées justes, plus proches de la réalité, qui ne dramatisent pas, et qui font baigner notre cerveau dans un environnement constructif et positif !

© Groupe Eyrolles

# Comment suivre le challenge ?

À l'origine de ce challenge[3], il y a la sagesse de Gandhi : « *Soyez le changement que vous voulez voir dans ce monde.* » L'idée est de se changer soi-même plutôt que de passer son temps à critiquer les autres râleurs. Si je suis agacé par les gens qui râlent, alors je dois commencer par arrêter de râler (même si je râle moins qu'eux), car ce n'est pas en faisant la morale qu'on change le monde, c'est en montrant l'exemple. Je ne peux prétendre changer les autres, mais une chose est sûre : je peux changer, et peut-être que les autres, en me voyant transformer ma vie, seront inspirés pour en faire autant.

Je comprends

## Les règles

Pendant ce challenge, les règles proposées sont les suivantes :

- Mettez un bracelet élastique à votre poignet (un élastique à cheveux ou un élastique de bureau peut faire l'affaire). Faites *un effort conscient* pour ne pas râler. L'objectif est de réussir 21 jours *consécutifs* sans râler.
- À chaque râlerie, changez le bracelet de poignet (gauche, droite, gauche, droite...) et remettez les compteurs à zéro.
- Communiquez avec les personnes concernées par votre problème et ne râlez pas dans le dos de vos collègues, de votre boss (ni de vos enfants et de votre conjoint !) *Vous pouvez évidemment partager à un collègue vos difficultés du moment, mais faites-le sans pour autant accuser les autres d'être coupables de ce qu'il vous arrive !* C'est une fine distinction, mais qui change tout !
- Quand vous exprimez une frustration, apprenez à avoir le mot juste, sans accuser et sans dramatiser. Vous êtes invité à parler de ce que vous ressentez et à être plus intéressé par le fait de trouver comment améliorer la situation qu'à savoir qui est le coupable.
- Bonne nouvelle, si vous râlez en silence, cela ne compte pas (voir ci-dessous).

---

3. Moi Christine, il m'a fallu personnellement un peu plus de quatre mois pour arriver aux 21 jours consécutifs. Et pendant ce challenge, tous les jours j'ai posté une vidéo sur mon blog pour parler de ce que j'avais appris dans ma journée. Vous pouvez retrouver toutes ces vidéos gratuitement sur www.jarretederaler.com. Mon premier livre *J'arrête de râler* témoigne et raconte en détail cette merveilleuse aventure qui a changé ma vie.

© Groupe Eyrolles

## Râler en silence

Râler passe par l'expression de votre frustration à travers vos mots, donc vous avez la permission de râler en silence durant le challenge. Certains diront « ouf ! », heureux d'avoir cette permission qui du coup met un peu moins la pression, et d'autres diront qu'ils ne sont pas d'accord avec cette exception car ils savent bien que les râleries dans nos têtes sont parfois aussi nocives que celles qui sortent de notre bouche. Laissez-nous vous expliquer notre raisonnement.

Râler en silence est permis pendant le challenge car, pour être honnête, il semble irréaliste de prétendre pouvoir faire autrement. Il faudrait avoir une maîtrise considérable de son mental pour éviter que les frustrations viennent à nous. Le principe est que, même si nous ne pouvons pas nous empêcher d'avoir ces pensées négatives, nous pouvons commencer par prendre conscience qu'elles sont là, et éviter de les ancrer dans notre quotidien avec nos mots. Nous ne pouvons pas nécessairement nous empêcher de nous sentir énervés, débordés, agacés, découragés… mais nous pouvons toujours *choisir* ce que nous voulons faire de ce ressenti. S'y accrocher ou le laisser nous traverser et puis passer, pour nous recentrer sur le positif et les possibilités d'amélioration de la situation ?

Que nous râlions intérieurement ou extérieurement, nos râleries sont toujours le signe que nous avons un besoin qui n'est pas satisfait. L'objectif de ce challenge n'est pas seulement d'éduquer vos paroles pour faire bonne figure et jouer à la personne positive. Nous vous proposons un changement profond, qui changera aussi vos pensées et votre posture face à la vie (et à ses frustrations). Il est illusoire de croire que les ressentiments que vous éprouvez vont disparaître si vous ne les exprimez pas. Bien sûr, il ne faut pas toujours tout dire, mais il est nécessaire, pour votre santé, de ne pas garder en vous des choses qui ne passeront pas toutes seules. Combien d'entre nous n'expriment pas ce reproche à notre collègue qui s'est accaparé notre travail ? De l'amertume face à cette promotion que nous n'avons jamais eue ? Ce sentiment d'injustice face à un avantage que l'autre a, et que nous n'avons pas ? Parfois, la seule solution que nous trouverons pour nous couper de ce ressentiment, ce sera de quitter notre entreprise : c'est la solution de la fuite.

Nous pensons que garder pour soi toutes ces situations injustes qui nous font râler, ce n'est pas mieux que de les exprimer en râlant et en accusant l'autre. L'objectif est donc d'apprendre à les exprimer sans râler.

© Groupe Eyrolles

### Pourquoi porter un bracelet ?

Si vous souhaitez vous aussi tenter le challenge, nous voudrions insister sur l'importance de porter un bracelet (élastique, c'est plus pratique !). Le fait de changer le bracelet de côté à chaque fois que vous râlez va profondément aider à la création de nouvelles connexions dans votre cerveau. Cela va vous permettre d'ancrer de nouvelles habitudes. Le bracelet est un excellent outil pour nous rappeler le challenge et nous rendre plus conscients de notre avancée sur le chemin d'une vie plus sereine, sans râler, car *ce bracelet va symboliser votre intention.*

En navigation, lorsque vous avez déterminé votre destination, c'est par le gouvernail que vous allez orienter votre bateau vers votre objectif, et le tenir, quels que soient les courants et les marées. Pour atteindre l'objectif que vous vous êtes fixé – arrêter de râler – il vous faut un gouvernail : c'est votre intention. L'intention donne forme à votre volonté, oriente vos actions et vous rappelle votre objectif, votre destination. Porter un bracelet, c'est vous souvenir de la destination que vous avez décidé d'atteindre, et en porter l'idée, chaque jour. Ce n'est pas seulement un gadget ! Cela a un impact réel, car pendant le challenge, vous rencontrerez des difficultés qui vous ralentiront ou vous feront chavirer, des courants et des vents qui vous entraîneront autre part. Votre bracelet sera là pour garder le cap ! Il est très important de le faire passer d'un poignet à l'autre. Cela va vous aider à prendre conscience de votre démarche (car vous verrez que vous aurez tendance à oublier vos belles intentions !) et le mouvement de gauche à droite va ancrer cet apprentissage dans votre cerveau.

## Les quatre étapes du changement

À la suite du challenge et de nos lectures sur la conduite de changement[4], nous aimerions partager une théorie qui détaille les quatre grandes phases propres au changement[5]. Les connaître pourra s'avérer utile au cours du challenge.

---

4. Accompagnement d'une personne ou d'une organisation face à l'instabilité et au développement de son environnement.

5. Pour en savoir plus sur ces phases de transformation, nous vous recommandons de chercher des informations sur « Four stages for learning any new skill », théorie développée par Gordon Training International ou bien sur les travaux de Jacques-Antoine Malarewicz : *Petits deuils en entreprise*, Pearson, 2011.

© Groupe Eyrolles

### Phase 0 : l'ignorance ou le déni

Avant la toute première phase du changement, nous sommes souvent dans un état d'ignorance ou de déni. Nous ne savons pas que le changement est une option pour notre vie ou bien nous le savons mais nous le nions. C'est le cas des personnes qui n'ont pas lu ce livre, par exemple, ou qui ne se sont jamais penchées sur ce genre de thématique et qui par conséquent ignorent que râler a un impact sur leur vie. Elles ne sont pas conscientes qu'il y a une possibilité de changement, ou bien, si on leur en parle, elles n'en voient pas encore l'intérêt. Le changement démarre donc avec une prise de conscience que celui-ci est nécessaire, inévitable ou utile.

### Phase 1 : l'euphorie et l'espoir

C'est le moment où l'on découvre le challenge et où l'on se dit : « Et si j'arrêtais de râler ? Pourquoi pas moi ? » Durant cette phase, on n'a pas encore conscience à quel point on râle et à quel point c'est un automatisme. On ne mesure pas l'impact de nos râleries sur notre vie. Dans cette phase, certaines personnes ont conscience qu'elles râlent énormément, mais elles n'ont pas conscience que c'est ancré dans leurs cellules. Elles pensent que cela va être facile de se sevrer et que c'est juste une question de volonté. Elles n'ont aucune idée de la persévérance qui sera nécessaire pour y arriver. Pour tout le monde, c'est la phase où *on ne sait pas que l'on ne sait pas arrêter de râler*.

### Phase 2 : la prise de conscience

C'est aussi la phase de la « danse du bracelet ». On râle, on râle, on râle, et à chaque fois on change le bracelet de poignet ! Désormais, on a conscience à quel point on râle et on ne sait pas comment faire autrement. *On sait que l'on ne sait pas.* C'est la phase où l'on doit accepter d'être un élève et de réapprendre à fonctionner autrement. C'est une phase difficile, où l'on rencontre des résistances et où l'on a parfois envie de baisser les bras. Au début, c'est amusant pendant deux ou trois jours, mais ensuite on se dit : « C'est impossible, c'est trop dur, je ne vois pas pourquoi je m'embête avec ce challenge, j'ai déjà tellement de soucis dans ma vie... » C'est à ce moment-là que la majorité abandonne. Pour vous aider à tenir le coup dans cette phase, nous vous rappelons que, même si au bout de trois ou cinq semaines vous pensez en être toujours au même point que le premier jour, sachez que ce n'est pas vrai. Vous avez



© Groupe Eyrolles

avancé. *Chaque changement de poignet de votre bracelet est le signe d'un ancrage plus profond dans votre cerveau.* Souvenez-vous que chaque jour vous apprenez quelque chose qui va vous rapprocher de la vie sereine a laquelle vous aspirez. Pour vous aider, nous vous invitons à faire un bilan en fin de journée en vous posant les questions suivantes :



**1.** Si vous avez râlé :
- Quelle est la situation qui m'a fait râler ? Et quel était mon besoin non satisfait sous ma frustration ?
- Pourquoi cela n'a pas marché, et comment pourrais-je gérer cela autrement la prochaine fois ?
- Comment puis-je anticiper les situations qui risquent de me faire râler dans les prochains jours ?
- Que puis-je faire pour prendre mieux soin de moi demain[6] ?

**2.** Si vous n'avez pas râlé :
- Qu'est-ce que j'ai fait autrement qui a marqué la différence ? Comment puis-je reproduire ce succès demain ?
- Comment puis-je anticiper les situations qui risquent de me faire râler dans les prochains jours ?
- Que puis-je faire pour prendre mieux soin de moi demain ?

## Phase 3 : la transformation, l'exploration

Dans cette phase, nous commençons à récolter les fruits de nos efforts. Nous sommes témoins des bienfaits du changement et nous vivons des réussites (tout n'est pas perdu !). Bien souvent on arrive à anticiper, à se contrôler, à tourner sept fois sa langue dans sa bouche avant de parler, à gérer ses besoins sans râler, à communiquer autrement ses frustrations… On est « en conscience », très concentré, dans le contrôle. Dans cette phase, le décompte a commencé. On en est généralement à trois jours, dix jours consécutifs sans râler et l'on fait tout ce qu'on peut pour ne pas avoir à tout recommencer à zéro. Si un jour toutefois on râle, on recommence, mais on sait qu'on peut y arriver. *C'est la phase où on sait que l'on sait comment arrêter de râler.* À partir de maintenant, la clé est de persister pour éliminer durablement cette mauvaise habitude, tenir 21 jours consécutifs et créer un changement en profondeur.

---

6. Si vous manquez d'idées, rendez-vous au chapitre 5 !

© Groupe Eyrolles

### Phase 4 : La phase dite du maître

Cette phase est atteinte lorsqu'on arrive à passer 21 jours consécutifs sans râler. On a grandi en sagesse, on a profondément changé et notre vie ne sera plus jamais la même. C'est la phase *où on ne sait pas que l'on sait*. On a oublié la technique et l'on progresse dans le naturel. On a transformé notre habitude : ne pas râler devient une seconde nature.

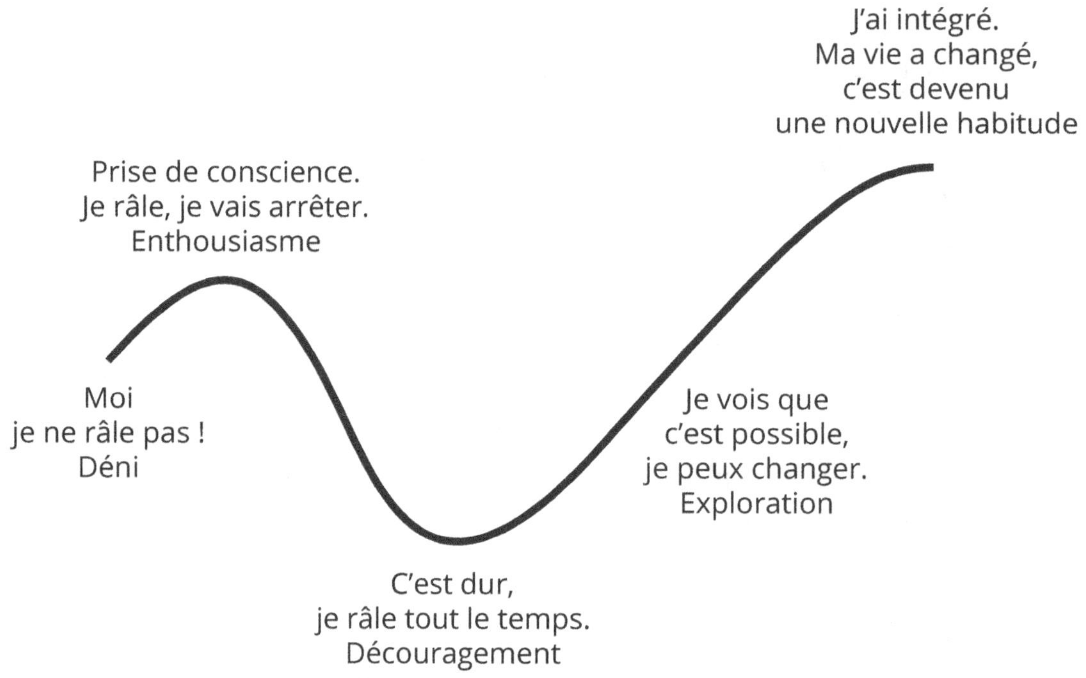


« Aujourd'hui, je suis diplômée en non-râlage, si, si, si ! Clairement, j'ai longtemps cru que c'était impossible tant je trébuchais. Recommencer son défi quand tu affiches déjà 6 jours au compteur, ça provoque immanquablement une envie de râler, qui de fait te désespère un peu plus. Au bout d'un certain nombre de semaines, j'ai cessé de porter mon joli bracelet en oubliant presque que je m'étais lancé ce défi. Mais pendant ce temps de pause, quelque chose au fond de moi continuait l'aventure. Quelque chose en moi avait goûté la paix et souhaitait y revenir. »

Florence

© Groupe Eyrolles

# CHAPITRE 2
# Je prends conscience que je râle

Notre principale source de râlerie dans la vie, ce sont les autres. Et des « autres » au boulot, il y a en plein ! Nos collègues de service, ceux du bureau d'à côté ou de l'étage du dessous, les autres services qui font mal leur boulot, les obligations que nous impose l'administration, nos fournisseurs en retard qui augmentent leurs prix, nos clients jamais contents, et évidemment notre responsable qui ne comprend décidément pas toutes les contraintes auxquelles nous avons à faire face et ne voit pas tous nos efforts… Que l'on soit dirigeant, salarié, indépendant ou entrepreneur, nous sommes tous les jours confrontés à ces autres qui ne font pas ce qu'on voudrait qu'ils fassent… ou font quelque chose qui nous agace, nous énerve ou ne nous convient pas. Comment savoir si nous sommes en train de râler ou tout simplement en train de poser une limite pour ne pas se faire marcher sur les pieds ?

## Trois critères pour repérer nos râleries

### Premier critère : le ton

C'est le premier critère auquel tout le monde se réfère. Suis-je en train de ruminer ? Suis-je en train de bisquer ? Suis-je en train de crier ? Suis-je en train de m'exprimer avec un ton amer ou acide ? Si vous ne vous en rendez pas compte, vous pouvez être certain que les autres, et notamment vos collègues, sauront vous dire si votre ton était celui de quelqu'un qui râle ! Parfois, nous employons ce type de ton sans que le fond de ce que nous disons soit un problème. Prenons l'habitude de nous écouter, de voir comment « sonne » notre voix, et quel effet elle peut avoir sur nos interlocuteurs.

© Groupe Eyrolles

## Deuxième critère : notre positionnement

Est-ce que je suis en train de m'exprimer en pointant du doigt les coupables ? Est-ce que j'accuse quelqu'un comme responsable de ma frustration ? Avez-vous remarqué à quel point nous adorons trouver des coupables dans notre vie ? C'est un peu comme si cela nous donnait de l'importance. C'est la faute du bus (du train ou du métro) si je suis en retard, c'est la faute du département informatique si je n'ai pas pu avancer aujourd'hui, c'est la faute du siège, c'est la faute du service client, c'est la faute du collègue, du patron… C'est toujours la faute de « je ne sais qui ou je ne sais quoi ». Ce positionnement de victime est le deuxième critère de la râlerie. Est-ce que je suis en train de me mettre dans le fauteuil de la victime et de pointer du doigt le coupable ? Si oui, alors je suis en train de râler !

Le problème avec la stratégie du coupable et de la victime, c'est que lorsque j'accuse, je crois être le plus fort. Je crois exercer mon pouvoir de jugement et de réprimande mais en fait, je perds mon pouvoir. En effet, en me mettant moi-même dans la position de la victime (car oui, je peux choisir de ne pas être victime si je le veux !), je donne le pouvoir aux coupables. Mon bien-être et ma sérénité sont dans leurs mains. Ils doivent changer pour que je ne sois plus frustré ! Ne pas être victime, c'est reconnaître mes émotions intérieures comme étant de ma responsabilité et ne pas les projeter sur les autres. Ne pas être victime, c'est admettre mes erreurs et mes imperfections et les assumer pour en sortir plus fort.

## Troisième critère : la justesse de nos propos

Très souvent, quand nous râlons c'est parce que nous cherchons à satisfaire un besoin important à nos yeux. En fait, nous avons tellement peur de ne pas être entendus que nous employons des mots qui ne sont pas justes. Nous allons ainsi utiliser le levier de l'exagération, mais aussi ceux de l'universalité et de la permanence. Nous allons dire « c'est infernal » (exagération), « c'est toujours pareil », (permanence), « ça fait 100 fois que je le dis » (exagération), « ils sont tous incompétents » (universalité), « ils sont tous pourris » (universalité), « ils n'ont rien compris » (exagération).

Nous allons utiliser des mots très forts, qui vont contribuer à dramatiser la situation : dramatiser, comme une pièce de théâtre, pour rendre les



© Groupe Eyrolles

choses plus piquantes, les contrastes plus vifs, pour accentuer notre rôle dans notre scénario intérieur… au risque de tourner au drame comique qui ne trompera personne. Nous allons exagérer notre rôle de victime pour être sûr d'être sur la scène, d'être vu et entendu.

En cédant à ces dérives dans notre langage, nous pensons détenir une stratégie judicieuse et puissante pour arriver à nos fins face aux autres. Mais en fait, nous perdons tout pouvoir…

Quand vous pensez râler, posez-vous donc cette question de la justesse de vos propos. Est-ce que vous êtes en train de décrire les faits pour ce qu'ils sont vraiment, ou est-ce que vous les exagérez parce qu'en fait vous craignez de ne pas être entendu ?

> « Avec le challenge, j'ai compris que mon énervement ne changerait rien à la situation, mais avait des conséquences sur mon état d'esprit. »
>
> Muriel

## Râler est un « mécanisme de régulation » qui a une utilité

Les mécanismes de régulation nous permettent d'ajuster, de manière adaptée ou pas, l'expression de notre énergie, notre comportement face à notre environnement, notre contact avec les autres. Parmi ces mécanismes de régulation (en psychothérapie analytique, on parlerait de mécanismes de défense), vous connaissez certainement la projection, qui consiste à attribuer à autrui ce que l'on porte en nous, sentiments ou idées, souvent parce qu'il nous est trop difficile de les reconnaître comme nous appartenant. En Gestalt thérapie[1], on décrit comme autres mécanismes la déflexion et la rétroflexion.

La déflexion consiste à décharger l'énergie contenue en nous sur un autre objet, un autre sujet, que la personne à laquelle elle était destinée, car

---

1. Voir Gonzagues et Chantal Masquelier, *Le Grand Livre de la Gestalt*, Eyrolles, 2012.

© Groupe Eyrolles

certaines choses nous en empêchent : nous avons peur d'être mal vus, nous portons la croyance que le désaccord génère du conflit, ou notre éducation nous a appris à ne pas exprimer nos émotions, à ne pas réclamer ce dont nous avons besoin, ou bien parce que cela est parfois moralement préférable. La remarque acerbe de votre chef vous a mis en colère, mais vous n'avez pas pu lui exprimer cette colère car le boulot vous oblige à la façade du sourire et de la convivialité ; résultat : vous rentrez chez vous et criez contre vos enfants qui n'ont pas rangé leur chambre... et qui ne comprennent pas cet accès soudain.

Quand nous râlons, c'est bien souvent de la déflexion que nous faisons, en dirigeant notre frustration profonde contre des choses qui n'ont rien à voir. L'énergie (ici, celle de râler, d'exprimer une frustration), n'est pas dirigée vers la personne à qui elle est destinée. Pour autant, cette frustration contenue a besoin de sortir, de se « résoudre », alors, malgré nous, elle sera dirigée vers une autre personne (ou un objet tel que notre ordinateur ou l'imprimante), qui n'y est pour rien.

D'autres fois, nous utiliserons la rétroflexion : c'est contre nous-mêmes que nous allons diriger cette énergie négative, en ruminant, en nous jugeant ou bien aussi en gardant les choses pour nous, et c'est comme cela que naissent certains ulcères, ou d'autres pathologies...

Nous verrons plus loin que si râler a une utilité, en revanche nous atteignons rarement notre but avec cette stratégie.

Mais auparavant... un petit test pour mesurer votre degré de râlerie !

## Test : Quel(le) râleur(râleuse) êtes-vous ?

1.  **Il est 17 heures. Votre supérieur vous prévient d'une réunion immédiate qui n'était pas prévue. Que pensez-vous ?**

■ Évidemment, c'est toujours sur moi que ça tombe ! Lui arrive au bureau quand il veut, moi je suis là depuis 9 heures.

● Pfff que ça fait suer... Comment vais-je faire pour rentrer chez moi à l'heure ?

▲ Damned... Pas de chance. Mais au moins, ce sujet avancera.

© Groupe Eyrolles

© Groupe Eyrolles



2. **Vous avez une présentation importante dans une heure. Mais l'imprimante a décidé de jouer les filles de l'air et répond aux abonnés absents. Votre réaction ?**

■ Saleté d'imprimante ! Toujours en panne ! Ils vont m'entendre à la technique !

● On dirait qu'elle le fait exprès pour m'énerver. Déjà que je suis sur les nerfs avec cette présentation...

▲ Pff ! Allez hop, je mets tout sur une clé USB et je file dans le service voisin.

3. **Lors d'un meeting, Laurence, une collègue particulièrement bavarde, monopolise l'attention par ses remarques, faisant ainsi s'éterniser la réunion.**

■ Elle vous énerve, mais elle vous énerve ! Vous envoyez des textos à vos autres collègues et manifestez votre impatience.

● Bon dieu que c'est long. Mais rendons à César ce qui est à César, ses questions sont pertinentes et vous auriez dû les poser.

▲ Vous la recadrez, en lui disant que le meeting a déjà été long et qu'elle pourra faire ses remarques lors d'une prochaine réunion.

4. **C'est incontestable : depuis quelques mois, la qualité de la nourriture de la cantine a considérablement baissé.**

■ Et maintenant, c'est sur la nourriture qu'on fait des économies ! Vous faites des remarques acerbes au cuisinier en lui demandant des explications.

● Vous prenez votre mal en patience, mais les discussions du midi avec vos collègues tournent souvent autour de ce sujet.

▲ Vous organisez une enquête auprès du personnel et une réunion avec le service concerné pour que la qualité soit revue à la hausse.

5. **C'est le pot de départ de Jean-Claude. Un petit groupe s'est réuni pour critiquer la tenue de Sylvie, particulièrement inappropriée et de mauvais goût pour ce genre d'événements.**

■ Vous vous joignez au groupe des moqueurs et taillez un beau costume à Sylvie.

● Vous rejoignez le petit groupe et faites quelques remarques, en vous demandant ce qu'on doit dire de vous derrière votre dos.

▲ Vous quittez le groupe des médisants pour aller profiter du buffet.

**6. Aujourd'hui, la connexion Internet est en grève.**

■ Il ne manquait plus que ça ! Vous allez pousser une soufflante au service informatique.

● Vous appelez l'informaticien de l'entreprise en prenant sur vous.

▲ Vous en profitez pour ranger votre bureau et avancer sur de la paperasse.

**7. Vous devez rendre un dossier urgent et n'êtes pas spécialement en avance.**

■ Vous pensez que votre boss a décidément le chic pour donner des délais impossibles à tenir. Vous ne manquerez pas de lui signifier par écrit que la deadline a été particulièrement rude et que si Robert n'avait pas rendu sa partie en retard, cela ne serait pas arrivé.

● Vous êtes dans un sacré pétrin et tout le monde s'en fiche. Vous enchaînez les heures sup' et commencez à sentir la fatigue qui s'accumule.

▲ Il n'est pas question de travailler dans l'urgence. Vous demandez un délai supplémentaire à votre supérieur, en lui présentant l'avantage d'un dossier mieux ficelé.

**8. C'est l'été et il fait plus de 35 degrés dans votre bureau.**

■ Vous allez immédiatement vous plaindre au CHSCT. Ce ne sont pas des conditions de travail décentes.

● Vous supportez en grommelant intérieurement.

▲ Vous allez acheter un petit ventilateur et un spray d'eau pour le visage. Vous en profitez pour arroser vos collègues au passage, cela contribue à mettre une bonne ambiance !

**9. Après dix ans de bons et loyaux services, votre collègue Nadine, dont le niveau était en baisse, est licenciée.**

■ C'est bien mérité, elle accumulait les erreurs et était toujours malade. Résultat : vous deviez faire une partie de son travail.

● C'est vrai que Nadine n'était plus à son meilleur niveau. Mais ça aurait pu tomber sur vous aussi.

▲ Vous organisez un petit sketch en son honneur, en mettant à l'honneur ses qualités.

© Groupe Eyrolles

**10. Cette année, c'est votre service qui s'occupe du séminaire interne de l'entreprise. Au programme : accrobranche et cours d'œnologie.**



■ Vous étiez sûr que ça vous tomberait dessus. Cela représente des heures de travail ! Vous faites part à votre supérieur de votre désaccord.

● Encore du travail en plus. Vous allez devoir prendre sur vos week-ends, mais ça change du quotidien.

▲ Mieux vaut accrobranche et œnologie que plages du Débarquement et initiation aux différents types d'eau gazeuse ! Le projet vous plaît et vous avez déjà plein d'idées.

**11. Vous avez un accrochage musclé avec votre N+1 Pascal à propos d'une deadline que vous jugez impossible à tenir, contrairement à lui. Depuis, vous ne vous parlez plus que par mails interposés et la froideur est de rigueur.**

■ Vous prévenez votre N+2, en mettant en avant la façon dont vous avez été floué.

● La colère vous ronge et se transforme en rancœur. Vous pensiez vraiment pouvoir compter sur Pascal.

▲ Vous n'aimez pas qu'on vous traite injustement. Vous décidez d'aller parler à Pascal pour régler ce sujet et partir sur de nouvelles bases saines.

**12. Suite à la présentation d'un projet, votre collègue Frédérique bénéficie d'une promotion que vous jugez méritée pour vous-même, car vous avez amplement participé au travail.**

■ C'est à vomir ! Vous avez fait une bonne part du boulot et voilà comment on vous remercie ! Vous partagez cette injustice auprès de vos collègues et faites la tête à votre boss.

● Tout ce travail pour rien ! C'est l'occasion de réfléchir à votre tendance à laisser les autres prendre le lead. La prochaine fois, il faudra plus vous investir.

▲ Vous félicitez Frédérique, malgré un petit pincement au cœur. Mais la prochaine fois, ce sera vous !

© Groupe Eyrolles

J'ARRÊTE DE RÂLER AU BOULOT !

**13.** **Aujourd'hui, c'est lundi, ciel gris et pluie battante…**

■ Vous arrivez en pestant contre la météo, la reprise du travail… Et en plus, vous avez oublié votre parapluie !

● Vous parvenez harassé au travail, votre premier stress ayant été d'arriver à l'heure.

▲ Cela ira mieux après deux bons cafés !

**14.** **Depuis quelque temps, vous avez mal au dos à force de rester assis trop longtemps devant l'ordinateur.**

■ Vous vous en plaignez quotidiennement à vos collègues et demandez à votre médecin de vous arrêter.

● Ces maux de dos auront votre peau ! Vous essayez de faire des pauses toutes les deux heures pour marcher un peu et espérez que cela ne va pas dégénérer.

▲ Vous prenez rendez-vous chez l'ostéopathe. Dans le même temps, vous contactez le CHSCT pour lui demander si votre siège peut être changé ainsi qu'une brochure sur les postures adéquates à votre poste de travail.

**15.** **Quel artiste représente pour vous le parfait râleur ?**

■ Richard Bohringer.

● Guy Bedos.

▲ Coluche.

## Résultats

### ■ Des faux airs du Capitaine Haddock

On pourrait dire que les râleries agissent sur vous par contagion. Vous râlez par habitude, pour faire comme les autres, parce que le temps s'y prête. Bref, vous n'exprimez rien de très grave à travers vos râleries, mais vous pestez (ou ruminez) en permanence, sans même en avoir conscience. Les transports, la météo, un retard, une contrariété dans votre planning, un boss trop exigeant… C'est toujours la faute des autres ! Quand vous êtes bien luné, vos grommellements peuvent même revêtir un caractère comique. À force, plus personne ne prête attention à vos râleries. Et ce

© Groupe Eyrolles

n'est pas forcément quelque chose que vous appréciez. Il est nécessaire que vous preniez un peu de distance face aux aléas du quotidien. La vie de bureau n'est pas toujours un long fleuve tranquille, ce serait une illusion de croire qu'il puisse en être autrement, il va falloir vous y faire une bonne fois pour toutes ! Apprenez à dompter votre colère et votre énergie, afin de les mobiliser de façon positive.

Je comprends

### ● Une râlerie peut en cacher une autre

La râlerie est chez vous un moyen de défense pour formuler certaines angoisses plus profondes. Souvent, lorsque vous râlez, vous souhaitez en fait partager des besoins beaucoup plus essentiels, comme une marque de reconnaissance, par exemple. Simplement, vous n'adoptez pas la bonne stratégie pour le faire. Car en râlant, vous vous épuisez et vous passez justement à côté de ces besoins fondamentaux. C'est une sorte de « déplacement psychologique » et, à moins qu'ils ne soient devins, les autres ne peuvent pas deviner ce qui se cache sous votre carapace de tortue maussade ! Vous êtes également très perfectionniste, et cela peut être rassurant de critiquer les imperfections des autres afin de vous rassurer. Vous devez axer vos efforts sur la communication : en exprimant à vos collègues – sans être la victime et sans les accuser – ce qui ne va pas réellement, ce qui vous dérange, ce qui pourrait être amélioré, vous vous simplifierez la vie… et vous râlerez moins.

### ▲ Qui adopte la râlerie récolte les ennuis

On dit souvent de vous que vous avez un caractère bien trempé et qu'il ne faut pas vous marcher sur les pieds, mais également que vous êtes un sacré boute-en-train ! Vous râlez peu, voire quasiment pas, et préférez les actes aux paroles. Tout problème possède sa solution. L'avantage est que vous parvenez par ce biais à vous libérer de vos pressions intérieures. Vous réglez vos soucis seul et préférez passer avec les autres de bons moments plutôt que d'ergoter sur ce qui ne va pas. La râlerie est pour vous contre-productive et synonyme d'impuissance. Vous la considérez comme une spirale vicieuse qui ne peut conduire qu'à des situations d'échec. Pas de ça chez vous ! Vous parvenez toujours à tirer bénéfice des situations et à voir le côté positif des choses. Vos collègues, quelle que soit leur échelle, deviennent souvent des alliés, parfois même des amis.

© Groupe Eyrolles

# CHAPITRE 3
## Je comprends pourquoi je râle

Nous ne sommes pas là pour vous dire que vous faites quelque chose de « mal » quand vous râlez, et encore moins pour vous dire de « faire semblant » que tout va bien. Nous ne cherchons pas à créer la police des râleurs, et encore moins à distribuer des lunettes roses à tous les travailleurs de France. Soyons bien clairs : ce livre n'a pas vocation à être un ouvrage qui tente de vous faire croire que vous avez tort de vous sentir frustré et que vous feriez mieux de sourire et de vous remettre à travailler ! Ce n'est pas notre intention ! Au contraire : en râlant, vous cherchez à faire changer ce qui ne vous convient pas : n'est-ce pas plutôt le signe d'une force de caractère ?

Notre mission, ce qui nous anime et ce que nous espérons, c'est vous donner des clés, des outils pour ne plus vous retrouver dans ces scénarios où vous vous sentez impuissants, frustrés, et insatisfaits... Vous passez 35, 50, 70 heures au boulot par semaine, et notre objectif est de vous aider à ce que cette part immense de votre vie soit fluide, riche, satisfaisante, épanouissante. Pour y arriver, commençons par regarder en face ces râleries. En comprenant mieux ce qui se cache derrière, nous pourrons ensuite adopter une stratégie plus satisfaisante pour combler nos besoins.

## On râle car le travail est une contrainte

Franchement, est-ce que votre première raison pour vous lever le matin et vous rendre au travail, c'est le plaisir ? Pour la majeure partie d'entre nous, nous obéissons à cette contrainte répétitive, chaque jour, pour une raison principale : le salaire. Et si nous avions le choix, si demain nous gagnions au loto, la majeure partie d'entre nous s'arrêterait de travailler... n'est-ce pas ? Le philosophe André Comte-Sponville explique bien

© Groupe Eyrolles

cela[1] : le travail n'est pas une valeur en soi, comme l'amour, la générosité. C'est un moyen pour vivre d'autres choses. Notre travail est important et essentiel, mais parce qu'il nous permet autre chose : vivre en sécurité sous un toit, nourrir notre famille, avoir des moments de détente avec nos proches. Alors, le travail en soi a-t-il du sens ? Nous croyons que oui et nous y reviendrons tout au long de ce livre. Mais en attendant, nous râlons parce que le travail, nous sommes bien obligés de nous y rendre, chaque matin, alors que nous avons peut-être beaucoup d'autres choses à vivre, plus passionnantes, plus reposantes, plus drôles.



## On râle parce que nous n'aimons pas être sous le contrôle de notre hiérarchie

Au travail, nous sommes souvent au cœur d'une relation hiérarchique où nous devons nous plier à un cadre, des règles et des directives. Nous avons un contrat de travail, notre entreprise a un règlement intérieur, elle respecte le droit du travail... et plein d'autres petites règles pas vraiment écrites. Nous avons un chef, parfois même plusieurs chefs sans que cela soit vraiment officiel. Certains commencent et terminent leurs journées en « pointant » et savent que leurs horaires seront régulièrement contrôlés. Les retards deviennent alors synonymes de pénalité et les départs en avance seront rapidement jugés. Pour d'autres, on vous réprimandera parce que vous travaillez trop !

Soyons clairs, ce n'est pas facile d'être sous le contrôle d'une hiérarchie, c'est même un peu contre-nature, cette impression de surveillance et de soumission. D'autant plus que ce chef, nous ne l'avons pas choisi ! Qui est-il pour nous dire ce que nous devons faire ? Parfois même, nous ne le trouvons pas si compétent que son titre laisse croire, et nous pensons que notre façon de faire serait bien plus efficace. Cela vient confronter notre besoin profond de liberté et nous pouvons ressentir le besoin bien normal de nous rebeller. Pourtant, accepter un emploi, c'est accepter de rentrer dans un cadre avec des règles, des obligations et des évaluations. Donc oui c'est normal de ressentir parfois l'envie de râler !

---

1. André Comte-Sponville, « Sens du travail, bonheur et motivation », conférence à l'université du SI, 2012, www.usievents.com/fr/talks

© Groupe Eyrolles

## On râle car la vie professionnelle est injuste

Comme Caliméro parfois, l'injustice nous saisit. Notre chef exige des choses que lui-même ne respecte pas, il nous donne des ordres sans y mettre les formes et manque parfois de politesse (et cela nous est bien égal que lui-même soit frustré ou stressé). Les règles de promotion, de rémunération, répondent à une logique qui souvent nous échappe, et nous avons beau faire de notre mieux pour y arriver, de notre point de vue, cela se passe rarement comme nous l'avons prévu sans que nous comprenions bien pourquoi. Combien d'entre nous ont quitté leur entreprise par déception ?

Également, le sentiment que beaucoup de choses se décident dans notre dos, sans nous demander notre avis, est une bonne raison pour nous faire râler. Souvent, nous avons la conscience professionnelle de signaler un dysfonctionnement, et rarement on nous informe de la façon dont cela va être résolu, et si cela va être résolu. Parfois, nous disons à notre hiérarchie que nous avons trop de travail, et elle nous en donne encore plus. Nous aimerions occuper un autre poste dans l'entreprise où nous nous sentirions mieux, mais plein de raisons plus ou moins bonnes nous sont données pour nous expliquer que nous devons rester là où nous sommes. Nous ne nous sentons alors pas entendus, et ressentons une forte injustice. Le sentiment de ne pas être écouté, de ne pas être considéré, de ne pas être reconnu, est fréquent chez les travailleurs.

## On râle à cause des autres

Notre principale source de râlerie dans la vie, ce sont les autres. Et des « autres » au boulot, il y en a plein ! Nos collègues de service, ceux du bureau d'à côté ou de l'étage du dessous, les autres services qui font mal leur boulot, les obligations que nous impose l'administration, nos fournisseurs en retard qui augmentent leurs prix, nos clients jamais contents, et évidemment notre responsable qui ne comprend décidément pas toutes les contraintes auxquelles nous avons à faire face et ne voit pas tous nos efforts… Que l'on soit dirigeant, salarié, indépendant ou entrepreneur, nous sommes tous les jours confrontés à ces autres qui ne font pas ce qu'on voudrait qu'ils fassent, ou font quelque chose qui nous agace, nous énerve ou ne nous convient pas. Ah, si seulement ces autres pouvaient

© Groupe Eyrolles

être des marionnettes sur qui nous pourrions compter à tout moment pour faire ce dont nous avons besoin ! Si seulement ils pouvaient être à notre disposition pour nous aider, nous comprendre, nous soutenir et faire avancer nos projets. Dans un monde idéal, notre boss nous trouverait génial et nous promouvrait tous les ans en nous augmentant, nos collègues nous féliciteraient et nous apporteraient de l'aide dans la bonne humeur, nos équipes seraient brillantes, autonomes et comprendraient tout, tout de suite, nos clients seraient satisfaits et nous remercieraient, nos fournisseurs seraient ponctuels et nous feraient des ristournes. Oui, ce serait tellement bien, nous avancerions plus vite et nous serions moins frustrés, peut-être enfin heureux ? Nous nous sentirions reconnus et appréciés pour ce que nous apportons dans notre travail.

Et pourtant, ce n'est pas possible. Ça, c'est le monde des bisounours. Malheureusement, même s'il est tentant de le croire, le monde ne tourne pas autour de nous. En fonction de notre boulot, nous avons des responsabilités, des objectifs et des tâches à accomplir, souvent urgents, mais nous nous trompons si nous pensons que nos besoins pour remplir nos missions ont priorité sur les besoins des autres. Croire que les autres vont faire ce dont on a besoin, quand on en a besoin, serait ignorer le fait qu'ils ont également des listes de tâches à faire, des échéances, des projets, des intentions, des émotions. De notre point de vue, leurs priorités sont moins importantes que les nôtres mais de leur point de vue, elles le sont bien plus ! La confrontation de ces besoins et priorités différents peut parfois (souvent même) générer des tensions et des frustrations. Finalement, ce serait une illusion de croire que nous pourrions traverser notre journée de travail sans rencontrer aucun contretemps, aucune résistance et aucune contrariété.

## On râle car on est surchargé

Nous ne connaissons pas une entreprise où les travailleurs ne sont pas confrontés au sacro-saint problème d'avoir trop à faire dans une journée qui est toujours trop courte. Depuis quelques décennies, les NTIC (nouvelles technologies de l'information) ont envahi le monde du travail, particulièrement depuis la révolution de l'Internet, qui nous met à disposition une infinité d'informations. Mais plus encore, ce fonctionnement en réseau permanent a pour effet que les salariés, et particulièrement les cadres, sont noyés sous l'information, qui dépasse largement leur capacité



© Groupe Eyrolles

à l'intégrer. Ainsi, l'information incessante et omniprésente, envahissante, n'est plus seulement vécue comme une ressource, ce qu'elle devrait être, mais aussi comme une contrainte !

Une surcharge informationnelle génère un sentiment de saturation cognitive[2]. Nous sommes sollicités de tous les côtés, notre boîte mail est sur le point d'exploser avec des to do list, des choses à lire et des demandes d'information.

Nous avons trop de travail et quels que soient nos efforts, nous n'aurons jamais terminé. Nous finissons souvent nos semaines fatigués, avec cette impression d'avoir tout donné mais de ne jamais en voir le bout. Ce constat est frustrant et cela nous énerve profondément, car le sentiment d'accomplissement fait partie de la bonne santé mentale. On aurait envie de pouvoir maîtriser notre charge de travail, nous nous organisons tant bien que mal pour bien faire les choses, et quand un grain de sable vient compromettre nos plans, nous explosons car nous sommes déjà à vif, et à bout.

## On râle parce qu'il y a des écarts entre notre niveau d'exigence et celui des autres

Au sein d'une même équipe ou d'une même entreprise, tout le monde n'est pas engagé ou motivé au même degré. Certains sont ambitieux et déterminés à apporter le meilleur d'eux-mêmes, envisageant leur travail comme une source de contribution et de dépassement, tandis que d'autres considèrent leur travail comme un gagne-pain, un mal nécessaire. Ils aiment ce qu'ils font (ou pas) mais leur travail n'est pas nécessairement le centre de leur attention. Ils peuvent alors être moins précis, moins exigeants, moins performants dans l'accomplissement de leurs tâches. Peut-être aussi qu'ils ne valorisent pas les mêmes choses que vous et du coup, cela peut créer des frictions.

Nous avons tous une vision différente du travail bien fait, ou du chemin qu'il faut prendre pour le réaliser. Certains vont avoir des approches très

---

2. Voir : D. Autissier, S. Lalhou, « Les limites organisationnelles des TIC : émergence d'un phénomène de saturation cognitive », actes de la IVe conférence de l'AIM, Cergy 26, 27 et 28 mai 1999, p. 120-130. Voir aussi : Isaac H., Campoy E., Kalika M., « Surcharge informationnelle, urgence et TIC. L'effet temporel des technologies de l'information », *Management & Avenir*, 3/2007 (n° 13), p. 149-168.

© Groupe Eyrolles

méthodiques et détaillées et ne pourront pas faire sans, d'autres une approche plus intuitive qui paraîtra brouillonne mais apportera une autre créativité. Le premier dira que le second n'est pas rigoureux, le second dira que le premier est rigide ! C'est difficile alors de ne pas se dire que l'autre a tort et de ne pas sombrer dans la râlerie.



## On râle parce que ça change tout le temps

Vous arrivez au bureau le lundi matin et votre responsable a quelque chose à vous dire : Micheline s'occupera désormais du dossier Dugenou, ce qui vous permettra de développer le nouveau dossier Demaechmeker. Ou bien, bonne nouvelle, le logiciel informatique sur lequel vous travaillez depuis 8 ans va être remplacé par un autre outil plus moderne. Ou votre responsable, arrivé il y a 1 an, s'en va et pour le moment personne ne sait qui, et quand, le remplacera. Ou votre métier disparaît, car la technologie le remplace, et vous devez apprendre la relation client par téléphone.

Le monde change, et en particulier le monde de l'entreprise : aujourd'hui, la quasi-totalité des salariés ont vécu un changement, et la majeure partie du temps, il concernait de nouvelles méthodes de travail. De plus, 60 % des salariés estiment qu'il y a trop de changements[3]. Ce changement est de plus en plus rapide, notamment parce que les évolutions technologiques se sont également accélérées. Nous avons à peine le temps de nous adapter à notre situation, d'apprendre à faire notre métier de façon sereine, qu'à nouveau, un changement arrive et nous devons nous adapter. Il est normal que ce contexte d'évolution permanente génère de la peur, car au fond, notre petite voix nous dit « Est-ce que j'en suis capable ? Est-ce que je vais réussir ? Est-ce que je vais perdre quelque chose ? »

C'est certain, dans le changement, nous perdons toujours quelque chose : le confort du connu. L'inconnu est pour la plupart d'entre nous déstabilisant, voire angoissant. La culture scolaire française valorise peu les échecs comme opportunités d'apprentissage, nous arrivons donc en entreprise avec cette croyance que ne pas savoir faire, c'est être défaillant. Au boulot comme à l'école, c'est la réussite qui est valorisée. Notés à l'école, évalués au boulot, l'échec et l'imperfection ont peu de place, et c'est naturel de ne

---

3. Enquête IPSOS 2012 pour la Chaire ESSEC du changement.



© Groupe Eyrolles

J'ARRÊTE
DE RÂLER
AU BOULOT !

pas s'exposer, et de préférer râler. Nous ne sommes pas habitués à dire « Je ne sais pas faire, j'ai besoin d'aide ». À la place d'exprimer cela, nous râlons, et nous trouvons d'autres excuses : « Je n'ai pas le temps, c'est une mauvaise idée, ça ne marchera pas, on n'a jamais fait comme ça ! » Bien souvent, ces râleries qui nous font résister au changement masquent inconsciemment notre crainte face à l'inconnu.

## On râle parce que ce boulot, ce n'est pas ce dont nous avions rêvé

Vous souvenez-vous de vos rêves d'enfant ? Pour beaucoup d'entre nous, nous rêvions de grandes choses pour notre vie : être un héros, sauver le monde, compter et laisser une trace, ou être astronaute, artiste, écrivain, chanteur. Mais hélas, ce n'est pas vers nos rêves d'enfant que la vie nous a emmenés. Un peu malgré nous, en suivant les conseils et les orientations, souvent avec beaucoup de hasard, nous nous retrouvons dans un métier, un poste que nous n'avons pas forcément pleinement choisi. Il est probable qu'au fond de nous, la petite voix de nos rêves d'enfant soit toujours là, et une manière de ne pas l'écouter, c'est de râler, d'extérioriser notre frustration plutôt que de regarder notre responsabilité, dans les choix ou les non-choix que nous avons faits.

© Groupe Eyrolles

D'ailleurs, si nous avons parlé précédemment des cas où nous avons trop de travail, il y a aussi de nombreux travailleurs qui sont confrontés à la situation inverse, pas plus confortable : avoir trop peu de travail, ou bien un travail qui nous ennuie profondément. Ainsi le burn out (syndrome d'épuisement professionnel souvent lié à la surcharge de travail ou de contraintes psychologiques) côtoie aujourd'hui le bore out (syndrome d'épuisement professionnel généré par l'ennui ou le manque de travail) sur le banc des pathologies liées au travail.

## On râle parce que nous avons le sentiment que notre vie nous échappe

Qui n'a jamais ressenti profondément le « métro-boulot-dodo », même sans métro ? Le sentiment que notre vie est sur pilote automatique, que les évènements du quotidien nous entraînent malgré nous, que nous n'avons plus rien à décider car « la vie » s'en charge pour nous ? Nous aimons notre famille, nous aimons parfois notre boulot, nous pouvons dire objective-ment que personne ne nous a menacés de mort ou contraints sous la tor-ture pour avoir la vie que nous avons, et pourtant, nous avons chaque soir ce sentiment que notre vie nous dépasse et que nous ne profitons de rien.

Qui est responsable ? La réponse nous vient alors trop facilement : c'est le boulot. Le boulot qui m'empêche d'être plus cool avec mes enfants, qui m'empêche d'être reposé pour mon conjoint ou mes amis, qui m'empêche de faire cette activité que j'aime tant, d'aller au ciné, de reprendre le dessin ou la musique... Le boulot qui me prend tout mon temps, alors je peux bien râler !

## On râle aussi beaucoup sur les râleurs !

Entendre les autres râler nous fait râler encore plus. Avez-vous remarqué à quel point on entend souvent les râleries des autres mais comme on a du mal à entendre les siennes ? C'est un peu comme la mauvaise haleine finalement...

Pour ceux qui sont en contact avec la clientèle, les clients sont une source inépuisable de râleries, car ils sont souvent mécontents, parfois impolis, et appellent pour nous le faire savoir. Le client est roi, il a le droit de râler, de s'emporter, et nous devons garder notre calme et chercher une manière de le satisfaire, c'est notre boulot.

© Groupe Eyrolles

Oui, les râleurs nous font bien râler. Jamais contents, ils ne pointent que le négatif, réclament toujours plus… râler serait-il contagieux ?

## On râle car nous avons besoin d'être rassurés sur notre valeur

Quand nous diminuons l'autre (le client, le fournisseur notre collègue, notre responsable, etc.) pour tenter de démontrer que nous sommes supérieurs à lui, c'est en fait l'expression d'un grand besoin de reconnaissance et d'un manque d'estime de soi. Nous râlons pour nous mettre en valeur. Pour dire que nous sommes mieux. Que nous, nous aurions fait autrement. Que l'autre n'a rien compris. Et il faut avouer qu'on omet souvent quelques détails sur notre part de responsabilité dans la situation.

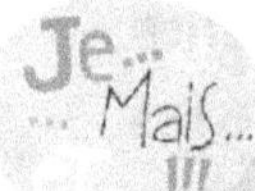


« J'ai mis du temps à apprendre à exprimer mon besoin de reconnaissance. J'ai eu de nombreux responsables hiérarchiques dans ma vie professionnelle, tous différents. Certains savaient spontanément complimenter et encourager, tandis que d'autres, non. D'ailleurs ce n'est pas, en France, une habitude aussi forte que dans d'autres pays. Pendant longtemps, cela me faisait râler intérieurement, et j'avais des pensées négatives, quasi automatiques, qui me disaient : "Il ne voit pas tout ce que je fais", "À quoi ça sert de bosser ? Puisque c'est comme ça la prochaine fois…" En prenant conscience de ce besoin profond, j'ai appris à *demander*. "Peux-tu me dire ce que tu en penses ?", tout simplement. C'était difficile pour moi au début, et puis c'est ensuite devenu naturel. J'ai appris à intégrer les axes de progrès qui m'étaient exprimés, et aussi à recevoir pleinement les compliments qui m'étaient faits. J'ai aussi appris, lorsqu'on me faisait des compliments, à répondre "merci de me le dire, c'est important pour moi". Cela permet à l'autre de comprendre que lorsqu'il exprime une chose positive, cela a un impact positif… et que ça vaut le coup de recommencer ! »

Emmanuelle

© Groupe Eyrolles

**Le besoin de reconnaissance**

Le besoin de reconnaissance est primordial chez l'homme, et quand nous observons nos interactions au boulot, il ne faut surtout pas le négliger. Le psychologue Abraham Maslow s'est beaucoup intéressé à ce sujet lorsqu'il a voulu définir les leviers de la motivation. Pour cela, il a réalisé une étude approfondie auprès d'étudiants d'université. De cette recherche est née sa célèbre hiérarchie des besoins humains décrits sous forme de pyramide.

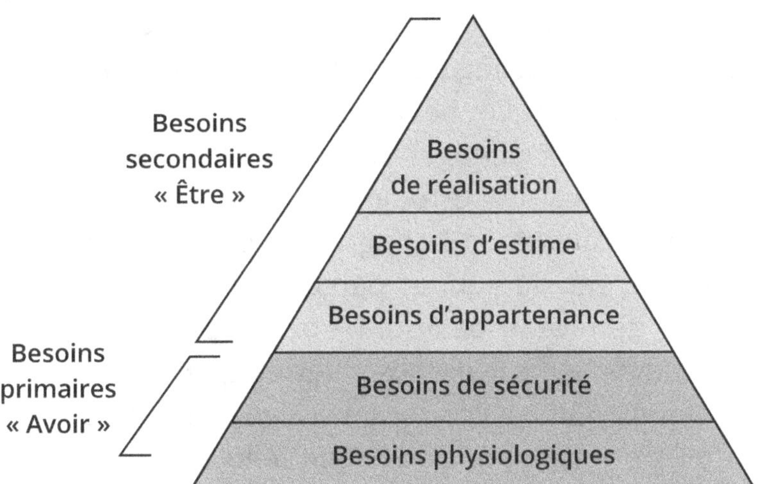


La pyramide des besoins selon Maslow

D'après Maslow, un besoin supérieur ne peut être pleinement satisfait qu'après la satisfaction des besoins primaires décrits dans cette pyramide. Il estime que les besoins d'appartenance et d'estime doivent être comblés avant ceux de réalisation et d'accomplissement.

Aujourd'hui, nous vivons nos vies à 100 à l'heure, dans notre travail et nos projets, dans tout ce qui pourrait satisfaire notre besoin de réalisation. Nous nous fixons des objectifs et des délais parce que nous voulons réussir, faire la différence, prouver aux autres notre utilité ou nos capacités... Et malheureusement, trop souvent, nous ne sommes pas au meilleur de nous-mêmes. Nous dérivons et nous râlons, car notre besoin d'estime de soi n'a pas été comblé.

Quand le niveau de notre réservoir est trop bas, nous râlons, car c'est un moyen de nous mettre en valeur, de restaurer notre estime de soi. Pour obtenir de la reconnaissance, nous tentons de nous mettre au-dessus ou à distance des autres. En disant par exemple : « J'avais pourtant bien dit

© Groupe Eyrolles

que cette idée ne marcherait pas, on ne m'écoute jamais » ou encore « Au siège ils n'ont rien compris » (sous-entendu : « Moi, j'ai tout compris »), on veut briller, et par là se rassurer sur sa propre valeur.

## On râle car on a besoin d'être conforme au groupe

Parfois, le matin, on râle dès que nous posons notre sac au boulot. Nous « râlotons » sur la météo, sur les transports en commun… Parfois on râle au lieu de dire tout simplement « bonjour » ! On râle parce qu'on a envie d'entrer en lien avec nos collègues, et finalement on ne sait pas toujours comment faire autrement. On ne le fait pas avec un mauvais esprit… on le fait par habitude, pour engager la conversation. Avez-vous remarqué que lorsque nous râlons, il y a toujours quelqu'un pour nous rejoindre dans notre festin de râleries ? C'est agréable de se sentir ainsi connectés. Nous râlons pour créer du lien, et parce que ça marche ! La râlerie est une conversation de niveau bas qui n'engage personne. C'est bien plus facile de se retrouver autour de nos râleries que d'engager une conversation plus profonde. On n'a pas toujours l'envie (ni le temps) d'avoir une conversation plus engageante ou personnelle avec nos collègues, alors nous créons du lien autour de nos petites râleries du quotidien, dans l'ascenseur, dans les couloirs, à la cantine, autour de la machine à café…

Nous avons tellement l'habitude d'être en lien avec nos collègues autour de nos râleries que nous finissons en effet par croire que c'est indécent de ne plus râler ! Certains de nos collègues pourraient interpréter cela comme une attitude de soumission à la hiérarchie, et de fayotage… Nous craignons que si nous commençons à parler d'autre chose que de nos frustrations, alors les autres vont nous mettre sur la touche. Si nous commençons à parler de ce qui va bien et des projets qui nous animent, alors les autres vont nous juger. Nous préférons donc nous fondre dans la conversation ambiante et rentrer dans le moule de la conformité.

© Groupe Eyrolles

## La pression sociale

Ce phénomène de pression sociale a été largement étudié, notamment par le chercheur Solomon Asch[4] qui en 1951 a conduit une expérimentation pour analyser dans quelle mesure la pression sociale d'un groupe majoritaire pouvait amener une personne à se conformer. Dans son laboratoire, il a réuni un groupe d'étudiants de l'université de Swarthmore (États-Unis) afin de leur faire passer un test de vision.

Chaque personne dans la salle devait dire quelle ligne (A, B ou C) était identique avec la ligne de référence. Dans la salle une personne était observée (le sujet) tandis que 7 autres étaient complices. Au début, les complices donnent à l'unanimité la même fausse réponse avant de laisser le sujet répondre en dernier. L'objet de l'étude est de voir si l'individu test allait se conformer et donner une réponse qu'il savait fausse.

Les résultats ont révélé qu'en moyenne un tiers des participants qui étaient mis dans cette situation se sont conformés à l'opinion du groupe et ont donné une réponse qui était clairement fausse (allant même jusqu'à affirmer que deux lignes avaient la même longueur, alors que l'écart était de plus de 5 cm), 75 % des participants se sont conformés au moins une fois et 25 % des participants n'ont jamais rejoint l'opinion de la majorité.

Pourquoi les participants se sont aussi facilement conformés ? Les interviews qui ont été faites à l'issue de l'expérience ont révélé que les participants avaient bien conscience qu'ils donnaient une réponse fausse mais qu'ils ont choisi de se conformer au groupe parce qu'ils avaient peur d'être jugés ou d'être « différents ». Certains ont fini par vraiment penser que la réponse du groupe était la bonne.

Ce que cette étude nous apprend, c'est que nous nous conformons au groupe pour deux raisons principales. Soit parce que nous voulons « faire partie du groupe » (influence normative) soit parce que nous pensons que le groupe est mieux informé que nous (influence informationnelle). Est-ce que nous râlons comme des moutons simplement par peur de ne pas faire comme tout le monde ? Est-ce que nous râlons parce que les autres le font tous, nous pensons alors qu'ils ont raison, et qu'ils savent mieux que nous ? La vraie question à se poser est de savoir si c'est vraiment la conversation que nous voulons cultiver (et entendre) pendant les trente ans de notre vie active ? Est-ce vraiment la stratégie que nous voulons adopter pour sentir que nous appartenons à l'équipe et entrer en lien avec nos collègues ?

---

4. www.simplypsychology.org/asch-conformity.html

© Groupe Eyrolles

Cette prise de conscience nous met face à nos responsabilités. Si nous voulons que la conversation change alors nous devons la changer nous-mêmes. Nous devons oser sortir du moule de la conformité et avoir l'audace de parler une autre langue.

La bonne nouvelle c'est que notre audace à faire autrement est non seulement bénéfique pour nous mais aussi pour le reste du groupe. En effet l'étude de Asch a aussi prouvé qu'il suffit qu'une personne sorte de l'avis majoritaire pour que l'effet de conformité se dissolve. Asch nous dit que la seule présence d'un allié qui va contre la majorité réduit la conformité de 80 % ! Donc une personne qui ose donner une autre tournure à la conversation permet de libérer les autres. En voilà une bonne motivation pour être déclencheur de changement !

## On râle pour rire

Nous usons souvent de sarcasmes, faisons de l'humour sous forme de râleries pour attirer l'attention. Nous justifions nos propos négatifs par le fait qu'ils font rire. Et c'est vrai que, parfois, ils sont drôles ! Toutefois, nous avons tous pu entendre dire des choses très dures sur le ton de la rigolade. On enrobe un propos négatif ou un jugement brutal sous couvert d'humour, mais le message – et le malaise – n'en est pas moins présent.

C'est triste à dire, mais c'est tellement vrai et nous l'avons tous fait à plusieurs reprises dans notre vie, nous y compris. Avec le challenge J'arrête de râler, nous sommes invités à apprendre à avoir le mot juste. Nos mots sont importants et il faut les utiliser à bon escient.

### À vous de jouer !

Notez toutes les fois où vous râlez sous couvert de rigolade. Apprenez ensuite à faire la différence entre les vraies bonnes blagues et celles qui cachent en fait des moqueries, un potin, un message de frustration ou encore un jugement négatif.

. . . . . . . . . . . . . . . . . . . . . . . . . . . . . . . . . . . . . . . . . . . . . .

. . . . . . . . . . . . . . . . . . . . . . . . . . . . . . . . . . . . . . . . . . . . . .

© Groupe Eyrolles

Je comprends

- **Si vous êtes manager**

Vous encadrez des personnes, 3 ou plusieurs milliers ? Alors vous avez d'autres très bonnes raisons de râler : si vous avez avec vous une équipe, c'est que par définition vous ne pouvez pas tout faire mais... pourtant, c'est tellement mieux réalisé quand c'est vous qui le faites ! En plus, même si vous aviez éventuellement le temps de faire vous-même, on vous a appris dans les formations de management que votre job, c'est d'accompagner les autres et de les faire progresser, donc pas le droit de faire à leur place, même quand ça vous paraît plus efficace ! Alors vous passez du temps à être pédagogue, dans le fond, dans la méthode, et pourtant... X dans votre équipe qui a demandé de l'autonomie n'avance pas sur ses dossiers, Y a fait exactement l'inverse de ce que vous lui aviez montré, Z conteste toutes vos décisions en disant que ça ne marchera pas... il y a de quoi râler !

En plus en tant que manager, ce qu'on attend de vous c'est la solidarité avec les décisions de l'entreprise. Ça veut dire quoi ? Eh bien que si vous n'êtes pas d'accord avec une décision de votre hiérarchie, ce n'est pas grave, on vous demande quand même de l'annoncer, et en plus de faire comme si vous étiez d'accord ! Bref, manager, vous êtes un intermédiaire qui absorbe le stress du bas, et le stress du haut... comme on dit souvent : vous êtes entre le marteau et l'enclume !

- **Si vous êtes entrepreneur ou profession libérale**

Vous êtes à votre compte. Vous l'êtes par choix ou bien par héritage (en ayant repris une activité familiale). Certains autour de vous pensent que vous avez la belle vie car vous avez les rênes de votre job et vous pouvez faire ce que vous voulez ! Et pourtant, votre quotidien est parfois bien loin de cette réalité. Vous pouvez effectivement faire ce que vous voulez, mais si vous n'avez pas de clients, alors la seule chose qui vous restera à faire sera de mettre la clé sous la porte. Vous êtes libre de développer ou non certains projets mais vous avez aussi à porter de lourdes responsabilités : responsabilité fiscale, responsabilité légale, responsabilité managériale... et avec ces responsabilités, plein de paperasse à gérer (et souvent des conversations tendues avec l'administration ou votre banquier...). Sans oublier les actions commerciales à mettre en place, la satisfaction du client et la constante nécessité d'innovation pour se renouveler, sans compter tous les dossiers qui vous attendent pour avancer ! Entreprendre ressemble parfois à un exercice d'équilibrisme sans repos où la clé pour ne pas se casser la figure sera de savoir gérer ses priorités. Alors parfois, vous vous sentez envieux de ceux et celles qui n'ont qu'à remplir leur fiche de poste pour se garantir un salaire à la fin du mois. Vous aimeriez tant parfois pouvoir rentrer le soir chez vous et décrocher. Être capable de mettre la pause et de vous sentir vraiment disponible pour vos proches, pouvoir trouver du temps pour cultiver vos loisirs ou vos centres d'intérêt. Oui, être entrepreneur ou développer une activité libérale cela crée aussi plein de « bonnes raisons » de râler !

© Groupe Eyrolles

# CHAPITRE 4
# Je découvre les limites de mes râleries

## En râlant nous adoptons une stratégie qui ne peut pas marcher

En général quand nous râlons, c'est que nous avons un besoin qui n'est pas satisfait : besoin d'aide, de soutien, de reconnaissance, d'être rassuré face au changement, de protester, ou de nous lier aux autres. Ce besoin est suffisamment important pour générer une frustration et éveiller en nous de la colère ou de l'agacement et nous faire râler.

Bien que notre besoin soit réel, juste et souvent justifié, nous adoptons en râlant une stratégie pour le satisfaire qui ne peut pas porter ses fruits, et c'est l'une des plus grandes leçons de ce challenge. Pour bien comprendre cela, nous voulons vous inviter à vous mettre dans la peau de celui qui va vous entendre râler :

Imaginez donc qu'un collègue vienne vous voir pour exprimer un problème. Il s'adresse à vous :

- Avec un ton amer un peu « vinaigré » (ton).
- En vous mettant dans une position de coupable (positionnement).
- En exagérant (justesse des propos)[1].

Par exemple, Paul est frustré parce qu'il considère que vous n'avez pas réalisé un élément du projet comme lui pense que cela devait être fait (lui est méthodique et fait les choses dans l'ordre sans rien omettre, et vous êtes intuitif, vous appréhendez les sujets de façon globale en vous concentrant sur l'essentiel). Il a décidé de vous le dire (ce qui est courageux de sa part) parce que le projet lui tient à cœur, et que son évaluation en dépend.

---

1. Voir les trois critères pour repérer une râlerie au chapitre 2.

© Groupe Eyrolles

Il est persuadé qu'en venant vous en parler, cela fera avancer les choses et réglera le problème. Dans la vie, Paul est quelqu'un pour qui la confrontation n'est pas facile, mais il a appris plus jeune que « si on est trop gentil on se fait bouffer ». Comme il n'aime pas le conflit, quand il veut s'imposer, il fait toujours cela maladroitement et de façon abrupte. Il arrive dans votre bureau, déterminé à se faire entendre. Il est manifestement énervé, et cela semble être contre vous : « Écoute à propos du projet, je pense que ce n'est pas comme ça qu'il faut faire… On ne va pas y arriver et si ça continue on va se faire lyncher par la direction ! Je ne peux pas toujours repasser après toi… j'ai d'autres choses plus importantes à faire. »

Comment vous sentez-vous après cet échange ? Quelle est votre réaction automatique ? Pensez-vous que Paul ait réussi à se faire entendre, que ses propos vous ont convaincu qu'il a raison, et que vous allez être plus attentif à la manière dont il aimerait que les choses soient faites ?

**Les réflexes face à une agression**

**Henri Laborit**[2]**, neurobiologiste français du** $XX^e$ **siècle, a observé que face à une situation de tension, ou quand elle se sent attaquée, une personne peut adopter trois comportements :**

- **fuir et se soustraire à l'agression ;**
- **combattre, attaquer en retour ;**
- **subir, qui est la stratégie la plus stressante.**

Le fait est que nous n'aimons pas être attaqués et subir, alors la râlerie de l'autre provoque chez nous un mécanisme de protection et/ou de défense. Pour nous protéger, nous allons essayer de prendre nos distances par rapport à l'agression, et créer un filtre entre la personne qui râle et nous. Si nous le pouvons, nous allons quitter la pièce (parfois en claquant la porte mais parfois aussi plus discrètement), car franchement, ce genre de conversation ne nous intéresse pas. S'il n'est pas approprié (ou possible) de sortir de la pièce, alors nous allons créer une distance mentale entre les paroles de notre râleur et nous-mêmes. Peut-être que

_______________
2. Henri Laborit, *Éloge de la fuite*, Robert Laffont, 1976.

© Groupe Eyrolles

dans notre tête nous allons nous dire quelque chose de l'ordre de « ça y est, il pète encore un plomb, ça va lui passer ». Ainsi, bien que nous l'entendions, nous n'écoutons pas notre interlocuteur ! Bien que le râleur essaie de nous faire prendre conscience que nous devrions être concernés par le problème (en utilisant un ton amer, en nous rendant coupable et en exagérant juste ce qu'il faut), nous n'aimons pas être coupables, cela ne nous intéresse pas.

Parfois, selon la situation et notre tempérament, nous allons nous défendre et attaquer à notre tour en accusant l'autre, et en démontrant qu'il a tort et que nous avons raison, c'est d'ailleurs facile puisqu'il exagère. Nous dirons « ce n'est pas vrai… je ne suis pas d'accord… tu ne te rends pas compte… tu ne comprends pas… » Nous entrons alors dans un conflit autour de qui a tort/qui a raison, et la tension monte rapidement car personne n'a envie de perdre cette bataille !

Quelque part, inconsciemment, quand nous râlons nous espérons provoquer un électrochoc chez l'autre. Nous nous disons qu'en montrant notre agacement dans notre ton, en démontrant (parfois juste par des insinuations) que c'est de sa faute, et en exagérant un peu (beaucoup), alors il va comprendre qu'il doit changer ou qu'il doit faire quelque chose pour résoudre notre problème. Et pourtant, le constat que nous faisons jour après jour est qu'un coupable n'a aucune envie de coopérer ! Il n'a pas envie de prendre en considération nos propos ou nos besoins. Nous espérions le rattacher à notre cause, au fait que nous avons une procédure à suivre, un délai à respecter, et qu'il accepte de nous aider… mais il veut au contraire nous fuir, ou nous attaquer !

Nous vous invitons à prendre conscience de la « leçon de vie » que nous essayons de vous transmettre car elle est déterminante : en râlant, nous essayons de satisfaire un vrai besoin, mais nous utilisons une stratégie *qui ne peut pas marcher*. Au contraire, elle crée un effet opposé. Nous voulons que l'autre se sente concerné par notre problème et nous aide à le résoudre, et nous générons finalement de la fuite ou de l'attaque. Alors pourquoi continuer ?



© Groupe Eyrolles

# Râler nous donne une force illusoire

Il faut bien l'admettre, nous obtenons parfois ce que nous voulons en râlant ! En haussant un peu le ton, en pointant nos accusations vers la personne coupable et en exagérant, nous parvenons à faire en sorte que l'autre plie sous le poids de nos râleries et change son comportement pour satisfaire notre besoin. Oui c'est vrai, parfois râler *marche*. Le problème avec cette stratégie est que nous avons obtenu ce que nous voulions par le biais de la force et que son impact a une durée de vie très courte. Demain, nous allons devoir à nouveau user de cette force pour faire plier l'autre. Râler nous amène à nous transformer en gendarmes. Râler nous amène à constamment devoir cultiver une posture d'autorité sur l'autre. Beaucoup de personnes choisissent de faire le challenge pour sortir de cette spirale aliénante, épuisante et invivable.

Finalement, râler empêche notre intelligence émotionnelle de s'activer. Plutôt que de chercher des solutions, de faire preuve de bon sens ou de chercher à vraiment communiquer nos besoins, nous optons pour la stratégie d'accuser l'autre et de le rendre coupable de notre problème ou frustration. En agissant ainsi, nous rendons la coopération impossible.

> « Râler est une solution de facilité, cela permet de se dédouaner de plein de choses. On peut faire autrement que râler et surtout, faire autrement permet de ne pas se polluer "d'ondes négatives" durant toute une journée. »
>
> **Richard**

> « J'ai compris que râler ne m'aidait pas à avancer. Au contraire, c'était plutôt de la perte d'énergie, de temps et pour un résultat moyennement efficace. Toutefois, il est important de s'exprimer et de dire les choses. L'atelier J'arrête de râler au boulot m'a donc apporté des solutions de contournement pour arrêter de râler. »
>
> **Sophie**

© Groupe Eyrolles

## En râlant nous activons notre petit démon intérieur

Ne trouvez-vous pas que cette aptitude que nous avons de nous opposer à ce qui nous arrive est fascinante ? Dès qu'une situation frustrante émerge, nous mettons toute notre énergie à la rejeter et surtout à la juger (en faisant tout notre possible pour identifier un coupable), alors que nous pourrions commencer par l'accepter pour ainsi pouvoir nous concentrer et mobiliser nos ressources pour trouver une solution. Parfois, nous attachons plus d'importance au fait même de résister, de protester, qu'au fond du problème. Par principe, par habitude, nous résistons et nous râlons.

Attention, il est important de clarifier : accepter ne veut pas dire pour autant que nous sommes d'accord et que nous approuvons. Cela veut dire que nous ne gâchons pas notre énergie à juger (ou à résister à) ce qui de toute façon s'est produit et que nous ne pouvons changer. Nous faisons le choix de mobiliser nos ressources et notre attention sur ce que nous voulons en faire et comment nous voulons le vivre maintenant.

Quand nous râlons, nous ajoutons au problème la couche de nos jugements et parfois ces jugements prennent petit à petit encore plus de place que la situation réelle. Nous augmentons l'ampleur du problème et nous le subissons alors encore plus.

Nous finissons par croire nos râleries, croire que « c'est toujours nous qui faisons tout », que les autres sont « tous incompétents », que nous sommes « épuisés », que ça ne marchera « jamais », que c'est « toujours pareil », qu'on nous « prend pour une poire »… Lorsque nous râlons, c'est un peu comme si nous nous accrochions à nos frustrations comme à un trésor précieux. Nous transformons nos problèmes en drame plutôt que de les considérer pour ce qu'ils sont vraiment : des obstacles que nous pouvons surmonter. Nous exagérons, nous amplifions, nous n'avons pas le mot juste… et pour finir, nous passons notre journée avec un nuage gris que nous créons nous-mêmes au-dessus de notre tête et qui nous empêche de voir le ciel bleu. Nous traversons notre quotidien à travers un filtre négatif et nous ressentons une tension intérieure plus ou moins forte dans notre corps. Au final, nous rentrons chez nous le soir épuisés et éreintés, en ayant l'impression d'avoir subi toute la journée.

© Groupe Eyrolles

Chacun d'entre nous a ce petit démon au-dessus de son épaule qui nous susurre à longueur de journée ses paroles négatives. Il veut nous faire croire, en vrac et selon les personnes, que nous sommes nuls, que les autres sont nuls, que nous n'y arriverons pas, que le monde est mauvais, qu'il nous manque quelque chose, que c'était mieux avant, qu'il faut se protéger… qu'il faut souffrir pour être heureux, que le travail c'est difficile, que le succès c'est pour les autres (les manipulateurs et/ou les chanceux).



Ce petit démon nous a bien souvent été transmis par notre éducation. Ses croyances, ce sont celles qu'il a entendues de nos parents, mais aussi de nos enseignants, ou de certaines expériences passées. Il continue de se nourrir par la conversation ambiante, celle dans les couloirs du boulot, celle de la radio ou des nouvelles de la télévision. Ce petit démon grandit avec nous et tous les jours nous le nourrissons. Selon notre histoire, il se montre bavard, négatif, ou plutôt discret. Il n'est pas totalement inutile : c'est lui qui, dans certaines situations, nous soufflera d'être prudents. Mais attention, il exagère souvent… car en fait il a peur : peur de se tromper, peur d'être jugé… peur de ne pas être aimé, au fond. Et vous, que vous dit votre petit démon ? Quel impact a-t-il sur votre expérience de vie ?

Dans cette première partie, nous avons mis en lumière le mécanisme des râleries et surtout l'impact néfaste que celles-ci, bien que semblant parfois anodines, peuvent avoir sur notre vie. À la lecture de ces premiers chapitres, vous avez probablement commencé dans votre quotidien à allumer votre radar : « Tiens, je râle, là ! » Prenez chaque jour un petit temps d'introspection pour développer cette conscience, le mieux est d'avoir un petit carnet avec vous comme journal de bord.

Si vous n'avez pas encore trouvé de bracelet, c'est le moment !

© Groupe Eyrolles

URGENT

# DEUXIÈME PARTIE

# Je me lance

Vous voilà parti dans le challenge !
Vous avez votre bracelet et vous êtes gonflé à bloc
pour réussir ces 21 jours ! Vous découvrirez
tout au long de cette aventure que ce challenge
vous apportera un changement en profondeur.
Dans les 4 chapitres de cette partie nous aimerions
vous livrer 4 clés fondamentales, pour réussir
votre challenge.

# CHAPITRE 5
## Je me fais du bien

Voici une des choses les plus importantes de ce challenge, et c'est la première clé que nous voulons vous partager. En tant qu'adultes, une grande partie de notre vie est faite de contraintes et de responsabilités. Arriver à l'heure, assumer notre fiche de poste, atteindre nos objectifs, se soumettre aux directives, gérer les problèmes au bureau et ensuite ceux de la maison, payer les factures, remplir le frigo, réparer le sèche-linge qui nous a lâché mardi dernier, faire de notre mieux dans l'éducation de nos enfants, et parfois aussi prendre soin de nos parents. Nous pouvons même, pour certains, nous investir bénévolement et rendre des services quand nous trouvons le temps ! Souvent, nous laissons ces choses prendre toute la place dans notre vie et nous avons cette impression de ne pas pouvoir vivre, de tout simplement… juste vivre. C'est ainsi que tout d'un coup, l'agrafeuse qui a disparu de notre bureau devient une atteinte à notre identité ! Vidé, lessivé, tout ce que nous font « subir » les autres est perçu comme un manque de respect ! Alors on râle, on s'énerve sur des choses qui n'en valent pas vraiment le coup mais qui, alors que nous sommes à bout, prennent une ampleur démesurée !

Le challenge J'arrête de râler vous amène à prendre conscience que si vous ne prenez pas soin de vous, *personne* ne le fera à votre place ! C'est toujours amusant de voir les résistances auxquelles les hommes et les femmes sont confrontés quand il s'agit de s'investir dans leur bien-être. Ne pensez-vous pas que parfois, nous faisons en sorte de ne pas nous faire du bien car cela risquerait d'amenuiser notre état de victime, qui est bien confortable ?

## Se donner la permission

Prendre soin de soi et se donner les moyens de faire ce qui nous rend heureux, ce n'est pas toujours facile, car la spirale de notre quotidien

© Groupe Eyrolles

vient nous détourner de nos belles intentions. Nous avions prévu d'aller à la piscine et pourtant le dossier n'est pas terminé, nous rêvons de sortir nos pinceaux ou notre instrument de musique et pourtant il y a une série sympa à la télé… Nous lorgnons depuis plusieurs semaines un stage de développement personnel qui pourrait nous faire le plus grand bien mais nous culpabilisons de dépenser de l'argent pour quelque chose qui est important pour nous mais qui pourrait être vu par les autres comme une frivolité ! Nous sommes déterminés à mettre la méditation au cœur de notre vie mais nous sommes incapables de nous poser sur le coussin ! Faire en sorte qu'il nous arrive ce que nous avons envie qu'il nous arrive demande parfois de l'engagement et de la discipline, mais au final quelle satisfaction !

Pour ne plus râler, nous avons besoin de sentir que notre vie est belle, de vivre des expériences qui sont alignées avec ce à quoi nous aspirons profondément, D'où l'importance de prendre le temps d'identifier ce qui nous ferait du bien et de créer de l'espace dans notre vie pour faire en sorte qu'il nous arrive ce que nous avons envie qu'il nous arrive. Parfois, nous devons faire de nos désirs une priorité.

## Ma liste bien-être

Sur un carnet, écrivez ce qui vous fait du bien. Prenez le temps de faire cet exercice et pensez à tous les domaines de votre vie : artistique, relationnel, sportif, manuel, intellectuel… Toutes ces choses dans lesquelles vous avez senti un sentiment profond de satisfaction, de sérénité, et desquelles vous ressortez avec un sentiment de joie, de calme et de gratitude. Cet exercice peut prendre plusieurs jours, et surtout vous pouvez sans cesse compléter votre liste. Soyez concrets : passer du temps avec Julie ; cuisiner avec Marguerite ; aller à mon cours de yoga ; faire du vélo ou de la moto ; prendre un café le matin avec Frédéric et Benjamin ; dessiner ; marcher 1 heure en forêt ; écrire ; jouer de la guitare ; danser, etc.

. . . . . . . . . . . . . . . . . . . . . . . . . . . . . . . . . . . . . . . . . . . . . . . . . . .

. . . . . . . . . . . . . . . . . . . . . . . . . . . . . . . . . . . . . . . . . . . . . . . . . . .

© Groupe Eyrolles

Cette liste a deux utilités :

- Toutes les semaines, vous devez vous assurer que vous faites au moins 3 choses de cette liste. Pour cela, regardez chaque mois votre agenda, et réservez des créneaux pour vous, spécialement, dans lesquels vous y mettrez ce que vous aimez.
- Lorsque vous vivez une expérience difficile, que vous vous sentez dépassé, piochez dans votre liste le moment qui va vous ressourcer. C'est votre liste joker !

L'une de nos amies[1] a un principe de vie qui est très efficace : « Un souci, deux compensations ». À chaque fois que vous rencontrez un souci, petit ou gros, faites en sorte de le compenser par deux choses positives. Vous pouvez les piocher dans votre liste. Il ne s'agit pas de vous faire un gros cadeau à chaque frustration, mais de veiller à ce que l'équilibre soit rétabli, parfois juste en côtoyant une personne qui va vous faire du bien.

## Dormir

C'est un principe de base : si je veux me trouver en forme et pouvoir puiser dans mes ressources pendant la journée, il faut que je dorme. Le problème, c'est qu'avec nos vies surchargées (le boulot, la maison, les enfants), nos soirées sont souvent le seul moment où nous avons l'impression de pouvoir (enfin) nous détendre. Bien souvent d'ailleurs ce temps de relaxation commence déjà bien tard car nous avons auparavant pris le temps de faire certaines tâches (lessives, compta, mails personnels) que nous n'avons pas pu gérer avant. Résultat : 21 heures/22 heures arrivent, notre lit nous appelle mais nous passons d'abord par la case écran… et nous voilà partis dans une spirale addictive de divertissement jusqu'au moment où nous levons les yeux et constatons qu'il est minuit passé.

Lorsque nous ne dormons pas assez, la fatigue nous amène à subir la journée du lendemain. Nous sommes plus facilement irritables et impatients. Nous avons certes grappillé quelques heures de divertissement la veille, mais nous ne gagnons pas au change. Arrêtons de croire que nous n'avons pas de vie quand nous nous couchons tôt car, au final, c'est quand nous manquons de sommeil que nous passons à côté de notre vie.

---

1. Merci à Céline !



© Groupe Eyrolles

**Quelques conseils pour prendre soin de votre sommeil**

- Éviter les écrans deux heures avant de vous coucher.

- Dînez plutôt léger.

- Faites une activité « calme » : lire, écouter de la musique, discuter…

- Soyez attentifs aux signes de sommeil qui indiquent que c'est votre heure : bâillements, yeux qui piquent, comme les enfants !

- Prenez soin de votre espace « nuit » qui doit être rangé, aéré, plutôt frais, confortable, et bien sûr… sans écrans !

## Aménager son espace de travail

Combien de fois râlons-nous parce que nous ne trouvons pas un dossier ou bien le post-it sur lequel nous avions noté un numéro de téléphone important et qui a disparu du coin de notre écran ? Pour réussir à ne pas râler plus facilement, il peut être intéressant de faire de notre espace de travail un espace qui va nous soutenir dans nos accomplissements. Il est utile de prendre le temps de le ranger, de trouver une place pour chaque chose, de trier, classer et jeter ce qui nous encombre l'espace et l'esprit. Enlever les « irritants » de notre organisation peut être littéralement salvateur.

## Mini-challenge

Nous vous proposons un mini-challenge. Pendant 21 jours, traitez chaque jour une situation liée à votre espace de travail dans le but de l'améliorer. Voici quelques idées :

**Jour 1.** Regardez l'emplacement de votre bureau (ou table de travail) par rapport à la porte, à la fenêtre, et demandez-vous si cela vous convient. Si vous en avez la possibilité, changez la position de votre espace de travail jusqu'à ce que vous sentiez que chaque meuble est au bon endroit !

**Jour 2.** Intéressez-vous à l'éclairage, notamment si vous n'avez pas la liberté de changer l'emplacement de votre bureau. Est-ce assez lumineux ? Pouvez-vous changer l'ampoule et/ou ajouter un point d'éclairage supplémentaire ?

© Groupe Eyrolles

**Jour 3.** Revoyez votre posture sur votre poste : votre siège est-il bien réglé[2] ? Pouvez-vous travailler dans une position plus confortable ? Avez-vous également de l'espace pour disposer vos documents ou vos outils de travail ?

**Jour 4.** Délimitez votre espace de travail. À gauche, les documents ou le matériel dont vous avez besoin ponctuellement ; à droite, le courant à traiter rapidement, dans le coin supérieur, ceux à voir avec vos collègues et au milieu : du vide, c'est votre zone de travail ! Revoyez ces espaces régulièrement. La clé : tout ce qui est sur votre bureau doit circuler. Si cela ne « bouge » pas pendant la semaine, c'est que sa place n'est pas sur votre bureau, mais dans un tiroir ou un placard… ou à la poubelle !

**Jour 5.** Faites l'inventaire de vos fournitures ou outils de travail. Jetez (ou donnez) ce qui ne vous est pas utile et commandez ce qui vous manque. Attention de ne garder que ce dont vous avez effectivement besoin. Évitez les doublons et le superflu.

**Jour 6.** Attaquez-vous à un tiroir, ou à une étagère (pas plus par jour) : sortez les dossiers et demandez-vous s'il est nécessaire de les conserver. Si oui, inscrivez clairement sur la tranche du dossier de quoi il s'agit.

**Jour 7.** Traiter les mails qui ont plus d'un mois : est-il encore utile d'y répondre ? Commencez par celui qui vous demande le plus d'efforts !

**Jour 8.** Adopter un outil pour gérer votre to do list qui puisse remplacer vos post-its. Nous vous recommandons l'outil du tableau kanban (voir chapitre 9).

**Jour 9.** Actualisez ce qui est affiché sur vos murs : est-ce toujours utile ou avez-vous encore envie de les voir ? Ce dessin de votre fils lorsqu'il avait 2 ans, par exemple : maintenant qu'il en a 8, vous pourriez peut-être lui en demander un autre ? Ce schéma du projet terminé depuis six mois, vous pourriez le remplacer par un tableau de vision (voir chapitre 9) ?

À votre tour !

_____________

2. Les conseils de position au poste de travail informatique se trouvent facilement sur Internet, notamment http://www.inrs.fr/risques/travail-ecran/prevention-risques.html

© Groupe Eyrolles

| | |
|---|---|
| Jour 1 | |
| Jour 2 | |
| Jour 3 | |
| Jour 4 | |
| Jour 5 | |
| Jour 6 | |
| Jour 7 | |
| Jour 8 | |
| Jour 9 | |
| Jour 10 | |
| Jour 11 | |
| Jour 12 | |
| Jour 13 | |
| Jour 14 | |
| Jour 15 | |
| Jour 16 | |
| Jour 17 | |
| Jour 18 | |
| Jour 19 | |
| Jour 20 | |
| Jour 21 | |

# Faire attention à ce qui entre dans notre champ de conscience

Cet ouvrage s'adresse aux personnes qui ont envie de ne plus subir leur quotidien, celles et ceux qui veulent découvrir à quoi pourrait ressembler leur vie s'ils pouvaient se sevrer de l'habitude de râler. C'est vraiment une décision à prendre tous les matins que d'être acteur de solutions plutôt que victime des situations et ce n'est pas simple quand nous baignons

© Groupe Eyrolles

dans une atmosphère qui véhicule des messages de peur, de manque et de limitation. Nous passons plusieurs heures par jour devant la télévision ou derrière notre poste de radio à nous laisser gaver par des programmes qui véhiculent des messages de crise, de négativité, de crimes, de meurtres, de scandales et de consumérisme. Nous nous perdons dans des journaux qui nous apportent plus de polémique que d'information. Sur Internet, nous visitons des sites pour nous distraire de la morosité de notre vie et nous nous laissons absorber par la vie des autres sur les réseaux sociaux.

Ne pensez-vous pas que nous passons trop de temps à consommer de l'information qui nous pollue l'esprit, qui nous empêche de croire en la bonté humaine et en la vie ? Sentez-vous à quel point ce qui rentre dans notre champ de conscience va déterminer notre capacité à prendre notre vie en main, ou bien au contraire nous peser et nous paralyser ?

Si nous voulons faire partie de ceux qui refusent d'être victimes, qui veulent prendre les rênes de leur vie, qui veulent apprécier et savourer leur quotidien, alors nous ne pouvons pas nous permettre de nous laisser envahir par la négativité ambiante. Nous devons reprendre le contrôle et choisir vraiment ce que nous absorbons.

### Quelques conseils pour vous mettre à la diète médiatique

• Préférez les magazines mensuels qui vous donneront des articles de fond, au lieu des quotidiens qui se concentrent sur une actualité dominée par les scoops et donc une information peu digérée qui génère plus d'angoisse que de vraies ressources pour comprendre le monde.

• À la radio et à la télévision, faites de même. Évitez les flashs info et préférez les émissions de fond. Certains journalistes font un travail merveilleux pour nous aider à comprendre certains sujets. De cette compréhension pourra naître notre action pour rendre le monde meilleur.

• Sur Internet, ne cliquez plus sur les liens aux titres percutants qui défilent sur vos écrans. Ne vous laissez pas embrigader dans les discours de peur qui ont pour principal objectif d'attirer votre attention.

• Choisissez en conscience combien de temps vous voulez passer à vous distraire devant votre écran. Remplacez une partie de ce temps par des moments en famille, avec vos amis, à faire de l'exercice, de la musique, lire, écrire, prier ou méditer…



© Groupe Eyrolles

## S'entourer de personnes qui nous font du bien

Dans la vie, nous ne pouvons pas toujours choisir les personnes qui nous entourent, qu'il s'agisse de nos parents, notre fratrie, nos collègues ou notre patron ! Et parfois, certaines de ces personnes ont le don de nous couper les pattes, de nous stopper dans nos élans, de nous faire douter (alors que nous doutons déjà suffisamment tous seuls).

Nous ne pouvons pas toujours contrôler ce que ces gens vont nous dire, en revanche ce que nous pouvons tous faire, c'est de nous assurer que nous avons au moins autour de nous un noyau solide de personnes qui nous font du bien. Des personnes qui sont positives, des personnes qui elles aussi ont plus envie de voir les solutions que les problèmes, des personnes qui croient en nous, des personnes qui nous ouvrent des horizons, des personnes qui nous amènent à révéler le meilleur de nous-mêmes. Des personnes qui elles aussi osent sortir de la posture de victime pour être acteur de changement sur le terrain de jeu de la vie.

Le manque de soutien est la principale raison pour laquelle les personnes n'osent pas passer à l'action et prendre leur vie en main. Si vous voulez rejoindre la tribu des non-râleurs, il sera donc précieux de vous entourer de personnes qui croient en vous et qui ont envie de partager l'aventure avec vous.

## À vous de jouer !

- Avez-vous autour de vous des personnes qui vous soutiennent ? Qui sont-elles ? Comment pouvez-vous prendre soin de cette relation et leur exprimer qu'elles comptent pour vous ?

.....................................................................

.....................................................................

- Avez-vous au contraire des personnes autour de vous qui vous pèsent et vous vident ? Qui sont-elles ? Comment pouvez-vous prendre vos distances par rapport à ces personnes ?

© Groupe Eyrolles

. . . . . . . . . . . . . . . . . . . . . . . . . . . . . . . . . . . . . . . . . . . . . . . . . .

. . . . . . . . . . . . . . . . . . . . . . . . . . . . . . . . . . . . . . . . . . . . . . . . . .

- Y a-t-il des personnes qui vous inspirent et de qui vous aimeriez vous rapprocher ? Qui sont-elles ? Quelles actions concrètes allez-vous mettre en place pour vous rapprocher de ces personnes (déjeuner hebdomadaire, cycle de conférences, stage, réseaux professionnels…) ?

. . . . . . . . . . . . . . . . . . . . . . . . . . . . . . . . . . . . . . . . . . . . . . . . . .

. . . . . . . . . . . . . . . . . . . . . . . . . . . . . . . . . . . . . . . . . . . . . . . . . .

# Résister au stress

Depuis ce matin, les choses ne tournent pas rond. Vous êtes arrivé au boulot avec une liste de choses que vous souhaitez faire mais rien n'avance comme vous le voulez ! Quand ce n'est pas la technique qui vous ralentit, ce sont les autres qui vous empêchent d'avancer. Vous êtes déjà sous pression car le temps passe et vous sentez que vous ne serez jamais prêt pour la réunion de 14 heures. Et voilà que Michel vous annonce une décision qui vous semble complètement incohérente sur le dossier que vous êtes en train de traiter. La tension monte, vous le sentez… vous êtes sur le point d'exploser. Michel ne va pas tarder à « vous entendre ». Comment se reprendre ? Comment laisser tomber la pression sans passer par la case explosion ? Comment retrouver vos esprits et prendre la distance dont vous avez besoin pour gérer plus sereinement la situation ?

## Qu'est-ce que le stress ?

Le stress est une réponse physiologique à une situation. L'état de stress a toujours deux composantes :

- *Le stresseur*, la situation en elle-même. Cette situation n'est pas forcément négative, de nombreux évènements positifs peuvent être stressants (comme le premier jour de votre premier job).
- *Le stress*, réponse individuelle qui va dépendre de la personne, de son histoire, de sa personnalité, de ses ressources.

© Groupe Eyrolles

Une situation identique sera vécue différemment par deux personnes. Établir cette distinction est intéressant car cela nous permet de voir que nous avons deux leviers d'action dans une situation de stress.

- Agir sur le stresseur : nous pouvons parfois agir sur la situation de manière à ce qu'elle soit moins stressante pour nous. Par exemple, si notre stress provient d'une trop grande charge de travail, nous pouvons parfois la déléguer, demander à être déchargé d'une partie, ou demander un délai... Parfois, le simple fait de faire la liste de ce que nous avons à faire et de prioriser les tâches nous permet de faire baisser l'état de stress. De manière ultime, nous pouvons nous soustraire à la situation si celle-ci est trop importante (comme changer de travail).

## J'identifie mes stresseurs

Il est utile d'identifier ses stresseurs en répondant aux questions suivantes :

- Quelle est la situation qui me stresse ? Identifiez précisément le stresseur. S'il s'agit d'une personne, quel est le comportement précisément qui vous stresse ? Pour quelle raison ?

  ................................................................

  ................................................................

- Quelles sont les pensées qui vous viennent dans cette situation ?

  ................................................................

  ................................................................

- Dans quelle zone d'influence (voir chapitre 9) se situe le stresseur ? Cela va me permettre de déterminer si je peux agir, et comment, pour faire baisser le stresseur : la première zone d'influence où j'ai tout pouvoir (le bruit du couloir qui me gêne) ? La seconde zone d'influence, où je dois négocier avec mon environnement (la date limite d'un projet qui approche mais mon collègue n'a pas avancé sur sa partie) ? Ou la troisième, sur laquelle je ne peux rien (on change mon outil informatique et je ne comprends rien au nouveau logiciel) ? S'il se situe dans les deux

© Groupe Eyrolles

premières zones, je cherche ce que je peux faire pour réduire le caractère stressant de la situation (fermer la porte du couloir ou mettre des boules quiès ; échanger avec mon collègue pour voir comment avancer plus rapidement…). S'il se situe dans la troisième zone, je vais m'appuyer sur mes ressources pour diminuer ma réponse de stress à la situation.



. . . . . . . . . . . . . . . . . . . . . . . . . . . . . . . . . . . . . . . . . . . . . . . . . . . . .

. . . . . . . . . . . . . . . . . . . . . . . . . . . . . . . . . . . . . . . . . . . . . . . . . . . . .

- Agir sur notre réaction au stress : que nous puissions ou pas agir sur la situation, il est également important de faire baisser notre réaction. Agir sur ma réaction au stress sera plus efficace sur le long terme, car je renforce mes ressources, comme l'on renforce ses défenses immunitaires face à la maladie. S'isoler, respirer, relativiser…, sont quelques moyens parmi d'autres pour faire baisser l'impact du stress sur notre organisme.

### S'isoler

Parfois, trop c'est trop. Nous sommes vraiment énervés, impossible pour nous de rentrer en communication avec l'autre ou de garder une posture bienveillante à cet instant. Et comme souvent dans les moments de crise, nous avons tendance à « réagir » sous la pression plutôt que d'être vraiment dans le choix de ce que nous voulons faire. Les émotions peuvent nous envahir et nous faire agir de manière incontrôlée ! Il est alors plus que temps de trouver un moyen discret de s'isoler.

## À vous de jouer !

Faites une pause pipi (même si vous n'avez pas envie), allez prendre un verre d'eau, ou allez visiter quelques étages grâce à l'ascenseur le plus proche ! Accordez-vous quelques minutes (parfois deux suffisent). Cela va vous donner suffisamment de temps pour prendre du recul, réguler votre émotion à un niveau plus gérable, et choisir qui vous voulez être, et comment vous voulez gérer la situation.

© Groupe Eyrolles

### Revenir au corps

Le stress « libère » les pensées automatiques et les croyances, car notre cerveau essaie de contrôler la situation en la rationalisant. Revenir au corps est un moyen simple et efficace pour faire baisser l'état de stress que vous pouvez utiliser même en présence d'autres personnes, qui ne s'en rendront presque pas compte.

## À vous de jouer !

- Si possible, fermez les yeux. Portez la conscience sur votre respiration. Comment est-elle ? Courte ou lente ? Superficielle ou profonde ? En général, en état de stress, la respiration devient plus superficielle, ce qui ne contribue pas à la détente de notre corps.
- Portez ensuite la conscience sur vos sensations physiques. Est-ce que vous ressentez de la tension quelque part ? Avez-vous des zones douloureuses ?
- Tournez-vous ensuite vers vos émotions. Lesquelles vous habitent ? Sont-elles nombreuses ? Sont-elles intenses ou légères ?
- Enfin, quelles sont les pensées qui vous traversent l'esprit ? Sont-elles justes ? Exagérées ? Sont-elles des croyances ?

Le simple fait de prendre conscience de votre état physique, dans la situation de stress, fera descendre l'anxiété. Terminez par cette pensée : « Je ne suis pas forcé de rester dans cet état. J'ai des ressources intérieures pour vivre les choses différemment. »

### Respirer

Quand nous créons les conditions favorables, nous pouvons diminuer notre tension artérielle et réduire les effets de notre stress. Et pour cela rien de tel que la respiration[3]. Voici quelques exercices simples sur lesquels vous appuyer quand vous vous sentez prêt à exploser et que vous voulez inverser la réaction !

---

3. Sur Internet, vous pouvez trouver de nombreux fichiers animés au format gif qui vous aideront à respirer profondément. Vous pouvez les télécharger sur votre ordinateur ou votre téléphone. Par exemple nous en avons trouvé sur ce site (attention, c'est en anglais) : http://dailyburn.com/life/lifestyle/stressed-gifs-breathing-exercises/

© Groupe Eyrolles

# Les différentes méthodes de respiration



## 1. Expirer complètement avant d'inspirer

Commencez l'exercice par une expiration dans laquelle vous allez chercher à vider complètement les derniers $cm^3$ d'air de vos poumons en contractant vos muscles abdominaux. Maintenez les muscles ainsi contractés pendant 2 à 3 secondes. Et reprenez par une inspiration. Répétez le cycle une dizaine de fois.

## 2. Respirer… et compter

Dans cet autre exercice, vous allez respirer en comptant, 1, 2, 3, 4… Pour ce faire, vous allez glisser votre inspiration sur le chiffre 1 en le dessinant dans votre tête alors que vous inspirez, puis expirer en dessinant mentalement le 2, et ainsi de suite avec les autres chiffres en essayant d'aller au moins jusqu'à 10… Pour vous aider au début, vous pouvez dessiner sur une feuille chacun des chiffres au fur et à mesure que vous inspirez et expirez.

## 3. Respiration zen

Comme une variante de l'exercice précédent, vous pouvez ici remplacer les chiffres par les lettres du mot « zen ». À l'inspiration, dessinez la première lettre Z, à l'expiration E, à l'inspiration N.

## 4. Respirer en marchant

La marche est formidable pour nous détendre et nous aider à respirer car nous pouvons aligner nos inspirations et expirations avec le rythme de nos pas. Nous pourrons par exemple commencer par inspirer sur 5 pas et expirer sur 5 pas. À chacun d'ajuster le nombre de pas au rythme qui lui convient le mieux pour créer de belles respirations complètes. Si nous pouvons aller marcher quelques minutes en extérieur, c'est encore mieux pour décompresser et remettre nos idées en place (évidemment dans ce cas, on laisse son téléphone portable sur le bureau pour vraiment rester centré sur l'instant présent !)

© Groupe Eyrolles

### Développer son agilité et relativiser

L'exercice suivant vous apprendra à accepter les choses comme elles viennent et à tirer parti des événements, même s'ils ne se présentent pas comme vous l'auriez souhaité, au lieu de râler.

## À vous de jouer !

La prochaine fois que quelque chose ne se passe pas comme vous le voulez, commencez par prendre une grande respiration et refusez de laisser vos râleries sortir de votre bouche. Puis posez-vous les questions suivantes :

- Ce qui se passe est-il vraiment grave ?
- Existe-t-il quelque chose que je peux faire/dire pour résoudre le problème ou au moins, diminuer les dégâts ?
- Existe-t-il un plan B que je peux utiliser en remplacement du plan initial ? Quelles sont les opportunités nées de cette situation imprévue qui s'ouvrent à moi ? Comment puis-je les saisir et tourner la situation à mon avantage ?

Nous parlons d'agilité car avec cet outil, vous apprenez à intégrer rapidement l'imprévu et à être inventif, avec une nouvelle solution !

## L'avis de l'expert en psychologie positive

« Si l'on semble aujourd'hui s'accorder sur la valeur intrinsèque de l'optimisme, c'est que ce dernier apparaît comme une énergie psychologique puissante, et que l'on retrouve au cœur de tout changement, tant dans la vie personnelle que dans l'aventure collective. L'optimisme consiste en toutes circonstances à parier sur "l'optimisation" de la réalité telle qu'elle est. L'optimiste parie sur le pouvoir moteur de ses forces plutôt que sur celui, démoralisant, de ses carences et de ses faiblesses. L'optimiste parie sur l'amélioration possible des

© Groupe Eyrolles

© Groupe Eyrolles

situations les plus compliquées. L'optimiste parie sur l'existence de solutions encore inconnues, de chemins en devenir, non encore balisés. L'optimiste parie sur la fécondité de l'inattendu, sur la capacité des opportunités nouvelles à surgir là où on ne les attend pas. L'optimiste, enfin, parie toujours sur la puissance du libre arbitre, sur la capacité à influencer positivement le monde. L'optimiste sait qu'on ne choisit pas tout mais que c'est avec ce qu'on choisit que l'on fait la différence.

En ce sens, le principal adversaire de la posture optimiste n'est ni le pessimisme ni le défaitisme, mais plutôt la rumination. "Ruminer", c'est se focaliser de manière répétée et passive sur ses faiblesses, ses erreurs passées (ou celles des autres), ses rendez-vous manqués, voire sur l'ensemble de ces domaines de la réalité qui s'imposent à nous et auxquels nous ne pouvons rien, sur lesquels nous n'avons pas d'influence. La rumination est une sorte d'accélérateur de particules moroses, qui carbure inlassablement au "si seulement...", "pourquoi moi...", "si j'avais su...", "si c'était à refaire..." ou autre "à quoi bon...". Notre mémoire et notre imagination sont des armes puissantes qui peuvent ainsi se retourner contre nous, et nous entraîner sur la pente bourbeuse du ressassement mélancolique.

Face à la rumination, il existe plusieurs façons de réagir, la première étant d'empêcher les pensées et émotions ruminatives de prospérer lorsqu'elles commencent à se manifester ; exercices de respiration type cohérence cardiaque, méditation de pleine conscience sont autant de voies que l'on se doit d'essayer, ne serait-ce que parce qu'elles n'ont guère de contre-indication et qu'elles permettent de retrouver la sérénité de l'instant présent ! On peut aussi tenter de désamorcer la force délétère de ses ruminations en les exprimant, en les couchant sur le papier par exemple, ou en les transformant en œuvre (nouvelle, poème,

dessin, sculpture). On peut enfin les attaquer frontalement en utilisant la force de son imaginaire ; la visualisation mentale, par exemple, utilise exactement les mêmes mécanismes que la rumination, mais de façon volontaire et orientée sur le positif. Et s'il existait une façon optimiste de ruminer ? Et si l'on pouvait retourner contre la rumination ses propres armes ? Nos amis ruminants – les vrais – emmagasinent leurs aliments dans un premier estomac, que l'on appelait jadis un *herbier*. Puis ils le régurgitent et le mastiquent jusqu'à en assimiler définitivement les nutriments et la force énergétique. Nous aussi disposons d'un herbier, que l'on appelle la mémoire positive, celle des réussites et des petites victoires, celle des qualités et des forces, celle des belles rencontres et des émotions partagées, celle des solutions trouvées et des problèmes résolus avec intelligence, etc. Entraînons-nous et entraînons les autres, nos collaborateurs, nos proches, à se remémorer inlassablement et en boucle ce qui fait ressource en eux, où se situent leurs marges de manœuvre et d'influence et l'ensemble des solutions qu'ils ont déjà eu l'occasion de trouver et d'expérimenter dans le passé. La rumination négative est certes un frein majeur à l'action. Mais nourrie de données positives, portée par un optimisme responsable et pragmatique, pourquoi son mécanisme n'aurait-il pas des effets inverses, nous conduisant ainsi, par la focalisation récurrente de notre esprit sur ce qui va bien, à poser les bases d'une saine et contagieuse *rumination optimisme* ? »

Philippe Gabilliet, professeur de psychologie positive,
porte-parole de la Ligue des optimistes de France

© Groupe Eyrolles

# Travailler son estime de soi

Travailler son estime de soi permet d'être conscient de ses qualités, de ses talents, tout en reconnaissant ses failles et imperfections. Lorsque l'on se connaît mieux, que l'on s'accepte mieux et que l'on apprend à s'aimer comme on est, on est aussi plus tolérant avec les autres, avec les imprévus… et on râle beaucoup moins !



L'estime de soi est constituée de trois pôles[4] :

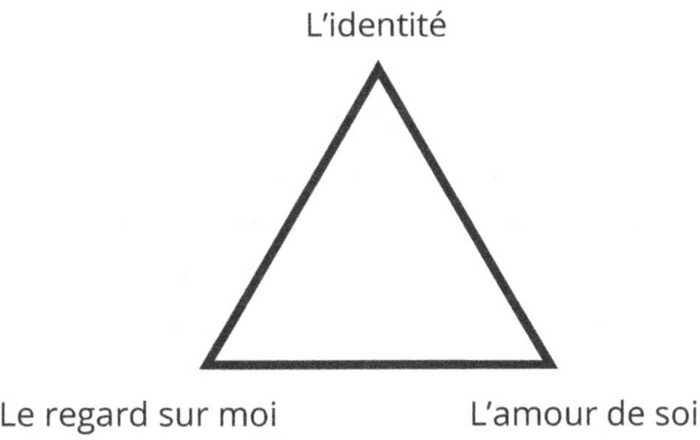


## L'identité

Il s'agit de répondre à la question « Qui suis-je ? », à travers plusieurs dimensions de moi-même qui me constituent : je suis, je pense, je sais, je fais.

- Je suis : ce sont toutes les phrases qui caractérisent ma personnalité, avec mes qualités et mes imperfections : je suis gentil, méticuleux, avare…
- Je pense : ce sont mes idées, mes convictions, mes valeurs.
- Je sais : ce sont mes connaissances intellectuelles ou pratiques, et mes compétences qui y sont attachées, c'est-à-dire la capacité à mettre en œuvre mes connaissances.
- Je fais : ce sont mes actions, mes actes, mes réussites et mes échecs.

Lorsque j'exprime mon identité, je me place dans une perspective d'objectivité : c'est ce que pourrait dire de moi un observateur sincère et neutre. En fonction des deux autres pôles de l'estime de soi, je vais avoir plus ou moins de facilité à avoir cette objectivité.

---

4. Source : École humaniste de Gestalt, Arnaud Sebal.

© Groupe Eyrolles

## À vous de jouer !

Nous vous invitons à faire cette description de vous-même.

Je suis . . . . . . . . . . . . . . . . . . . . . . . . . . . . . . . . . . . . . . . . . . . . . . . . . . . . . . . . . . .

Je pense . . . . . . . . . . . . . . . . . . . . . . . . . . . . . . . . . . . . . . . . . . . . . . . . . . . . . . . . .

Je sais . . . . . . . . . . . . . . . . . . . . . . . . . . . . . . . . . . . . . . . . . . . . . . . . . . . . . . . . . . .

Je fais . . . . . . . . . . . . . . . . . . . . . . . . . . . . . . . . . . . . . . . . . . . . . . . . . . . . . . . . . . .

### Le regard sur soi

Certes il y a qui je suis, mon identité, mais quel regard est-ce que je porte sur moi-même ? Le regard sur soi est subjectif : dans le regard, je sélectionne diverses choses que je vais voir ou ne pas voir. Faites l'exercice de demander à vos meilleurs amis quelles sont, selon eux, vos qualités. Souvent leur réponse ne correspond pas à l'image que vous avez de vous-même !

Suivant les critères de chacun, ce regard peut être positif ou non. Quelqu'un peut avoir un regard négatif sur lui-même tout en ayant beaucoup de qualités, et vice versa. Ce regard au présent est influencé par le passé : comment ai-je été regardé, évalué, quand j'étais enfant ? Si mes parents étaient là, qu'est-ce que j'imagine qu'ils diraient de moi ? Le regard que nous portons sur nous-mêmes est très influencé par le regard que nous avons reçu de la part de notre environnement.

## À vous de jouer !

Quelles sont les paroles que j'ai entendues sur moi lorsque j'étais enfant ? « J'ai confiance tu peux y arriver » « Laisse-moi t'aider c'est difficile », « Ah Marie elle est toujours étourdie », « C'est bien mais tu aurais pu faire mieux » ?

. . . . . . . . . . . . . . . . . . . . . . . . . . . . . . . . . . . . . . . . . . . . . . . . . . . . . . . . . . .

. . . . . . . . . . . . . . . . . . . . . . . . . . . . . . . . . . . . . . . . . . . . . . . . . . . . . . . . . . .

© Groupe Eyrolles

### L'amour de soi

Il correspond à comment je m'aime, en fonction de qui je suis (premier pôle) et du regard que j'ai sur moi (deuxième pôle). L'amour de soi est bien au-delà du regard que l'on a sur soi-même. La normalité, c'est de pouvoir s'aimer comme on est. Est-ce qu'il y a des conditions pour que je puisse m'aimer : réussir professionnellement, être en couple, être apprécié de mes collègues, avoir un bon diplôme… ? Nous vous invitons à faire la liste de ce que vous appréciez chez vous.

## À vous de jouer !

Ce que j'apprécie chez moi :

. . . . . . . . . . . . . . . . . . . . . . . . . . . . . . . . . . . . . . . . . . . . . . . . . .

. . . . . . . . . . . . . . . . . . . . . . . . . . . . . . . . . . . . . . . . . . . . . . . . . .

### L'équilibre entre les trois pôles

L'estime de soi est une tension entre les trois pôles du triangle. Le bon équilibre entre ces trois pôles de l'estime de soi va ainsi déterminer notre capacité à aller vers l'inconnu, à relever de nouveaux défis. Si j'ai des difficultés à reconnaître mes compétences, mon savoir-faire, j'aurai peu de confiance en moi face à une nouvelle tâche. Si j'ai un regard très critique sur moi-même, exigeant, j'aurai du mal à reconnaître la valeur de ce que je réalise. Dans ces situations, je vais ressentir une tension intérieure, désagréable, et un moyen de m'en défendre est de râler sur tous ces changements, plutôt que de reconnaître la peur qui m'habite.

Lorsque vous râlez, réfléchissez à cette question : ressentez-vous, pour vous-même et de manière générale, suffisamment de satisfaction, d'amour et de fierté ? Râlez-vous parce que finalement vous manquez de reconnaissance (qui est une forme d'amour) ? Est-ce vraiment juste d'attendre des autres de vous le donner ?

Travailler à augmenter son estime de soi nous permet de nous apporter à nous-mêmes cet amour : fierté, valeur, reconnaissance, satisfaction… et ne plus être dépendant des autres à cause de cela, ni malheureux comme une pierre quand ils ne nous le manifestent pas assez.

© Groupe Eyrolles

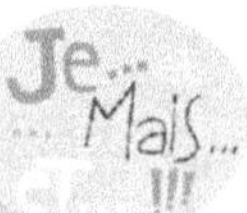

« Moi, Emmanuelle, après avoir appris à demander des marques de reconnaissance professionnelle (voir p. 32), j'ai fait un travail personnel qui a renforcé mon estime de moi. Aujourd'hui, ce besoin est moins important, car j'ai développé ma capacité à reconnaître en moi des compétences, des qualités, aux côtés de mes imperfections, et à m'aimer ainsi. Je continue de solliciter des feedbacks sur mon travail, mais c'est dans un objectif de développement et de progression, et non pour me rassurer sur ma valeur en tant qu'être. »

**Emmanuelle**

Comment faire concrètement ? L'estime de soi, c'est un « gros morceau », qui a des racines plus ou moins profondes selon votre histoire. Pour certains, le déséquilibre de votre triangle sera tel qu'il pourra être utile de travailler avec un psychothérapeute sur cette thématique.

**Quelques outils pour prendre soin de son estime personnelle**

• Prenez l'habitude de recevoir les compliments en remerciant et cessez toutes ces petites phrases qui minimisent ou dévalorisent ce que vous faites : « Ce n'est rien, c'était facile », « J'ai été beaucoup aidé ». La prochaine fois que quelqu'un vous fait un compliment, dites simplement « merci » en souriant. En faisant cela, vous reconnaissez aussi la parole de l'autre.

• Prenez aussi l'habitude de complimenter les autres. Il ne s'agit pas d'exagérer la moindre prouesse, mais d'être sincère lorsque vous reconnaissez une compétence ou une qualité à autrui. Grâce à cet exercice, vous vous apercevez que reconnaître la valeur de l'autre n'enlève rien à notre propre valeur.

• Lorsque vous avez une tâche à accomplir, notamment si elle est laborieuse ou représente un challenge pour vous, centrez-vous sur vos progrès plutôt que sur ce que vous ne savez – pour le moment – pas faire.

• Lorsque vous avez appris à faire quelque chose de nouveau, réussi une tâche qui vous a demandé de l'effort, prenez le temps de ressentir intérieurement de la fierté par rapport à cela.

© Groupe Eyrolles

• Apprenez à changer progressivement de regard sur vous : ne dites plus jamais « je suis maladroit », mais « il m'arrive d'être maladroit » ; « je suis timide » mais « certaines situations me rendent timide ». Ainsi, vous vous permettez de ne pas vous définir d'une certaine façon de manière absolue, et vous vous permettez d'être *aussi*, parfois, adroit, et à l'aise socialement.

• De la même manière, ne laissez pas votre entourage vous définir d'une façon sentencieuse et définitive. Lorsque quelqu'un porte un jugement sur vous (« Tu n'es pas organisé » ; « Tu manques de créativité »...), apportez de la nuance : « Oui, c'est vrai, mais pas toujours » ; « Oui, effectivement, mais je cherche à progresser et ce projet avec toi pourrait m'aider »...

• Lorsque vous estimez vous être trompé, n'avoir pas réussi quelque chose, soyez juste dans la critique que vous faites vis-à-vis de vous et n'exagérez pas. Remplacez « Je suis nul je n'y arriverai jamais ! » par « bon cette fois-ci je n'ai pas été au top. Qu'est-ce que j'ai appris dans cette expérience ? » Dans ce que vous avez entrepris, tout n'est pas absolument raté, prenez le temps de distinguer précisément ce qui n'a pas marché, et ce que, objectivement, vous avez su faire.

© Groupe Eyrolles

# CHAPITRE 6
## Je lâche prise

Voici la seconde clé à activer pour réussir votre challenge : en lâchant prise sur nos attentes (comment nous pensons que les choses devraient être, comment nous pensons que les autres devraient se comporter...), nous pouvons vivre notre quotidien avec plus de sérénité et de paix. Nous pouvons accepter ce qui est pour en cultiver les possibles et continuer à nourrir ce qui est important pour nous dans un contexte différent, que nous ne pouvons pas toujours contrôler.

### L'acceptation

Lâcher prise, c'est accepter que les choses soient comme elles sont, parfois différentes de ce que nous voudrions. Lâcher prise, c'est un travail de toute une vie, on n'en a jamais terminé (sauf peut-être pour certains grands maîtres spirituels, et encore !). Dans certaines situations, vous aurez du mal à lâcher prise, à baisser votre contrôle, car la résonance émotionnelle sera trop forte pour vous. Dans ce cas nous vous invitons à passer par une étape intermédiaire. Avant le lâcher prise, essayer l'acceptation ! *L'acceptation permet le changement car l'acceptation est déjà du changement.*

## À vous de jouer !

Voici un petit exercice d'acceptation que vous pouvez utiliser dans toutes les situations, qui aide au lâcher-prise :

- Décrivez la situation qui vous fait râler. Décrivez-la de manière objective, essayez de décrire des faits.

.......................................................................

.......................................................................

© Groupe Eyrolles

- Explorez ce que cette situation vous fait : quelles sont vos sensations physiques (ventre noué, mal au dos, maux de tête, modification de votre respiration, de votre rythme cardiaque…) ? Quelles sont les émotions associées (aidez-vous de la roue des émotions, voir p. 78) ? Quelles sont les pensées qui traversent votre esprit en pensant à cette situation ?

. . . . . . . . . . . . . . . . . . . . . . . . . . . . . . . . . . . . . . . . . . . . . . . . . . . .

. . . . . . . . . . . . . . . . . . . . . . . . . . . . . . . . . . . . . . . . . . . . . . . . . . . .

- Dans cette situation, dans tout ce que vous venez d'écrire, trouvez une chose que vous pouvez accepter. Ce peut être une partie de la situation, ou votre impuissance, ou juste votre émotion. Parfois, une situation est tellement frustrante que la seule chose à faire, en premier, c'est d'accepter qu'elle nous frustre. Sachez que si vous parvenez à accepter l'émotion que vous ressentez dans une situation, vous avez fait plus de la moitié du chemin de l'acceptation et du lâcher prise, car vous remettez l'énergie des émotions en circulation.

. . . . . . . . . . . . . . . . . . . . . . . . . . . . . . . . . . . . . . . . . . . . . . . . . . . .

. . . . . . . . . . . . . . . . . . . . . . . . . . . . . . . . . . . . . . . . . . . . . . . . . . . .

- Trouvez une chose que vous appréciez dans la situation. Ce peut être une toute petite chose, peu importe. Par exemple, parfois une difficulté vécue vous fait vous rapprocher d'une personne et c'est cela que vous allez apprécier.

. . . . . . . . . . . . . . . . . . . . . . . . . . . . . . . . . . . . . . . . . . . . . . . . . . . .

. . . . . . . . . . . . . . . . . . . . . . . . . . . . . . . . . . . . . . . . . . . . . . . . . . . .

- Notez ce que vous acceptez et ce que vous appréciez de la situation. Prenez ensuite le temps de sentir ce que cela vous fait, comment vous vous sentez par rapport au début de l'exercice.

. . . . . . . . . . . . . . . . . . . . . . . . . . . . . . . . . . . . . . . . . . . . . . . . . . . .

. . . . . . . . . . . . . . . . . . . . . . . . . . . . . . . . . . . . . . . . . . . . . . . . . . . .



© Groupe Eyrolles

# Le chemin de la libération

Avec le challenge J'arrête de râler, nous prenons conscience de l'absurdité et du gâchis d'énergie qui réside dans notre acharnement à vouloir contrôler ce qu'on ne peut (ou ne veut) ni changer ni influencer. Par exemple, votre responsable hiérarchique quitte l'entreprise, et son poste est à pourvoir. Vous avez envie de prendre des responsabilités (parce que dans vos croyances familiales, plus on a du grade et plus on est important, ou parce que vous voulez augmenter votre salaire, ou parce que vous avez plein d'idées nouvelles… il est toujours intéressant de nous interroger sur nos motivations profondes pour les questionner, et les valider ou les modifier). Vous décidez donc de manifester votre intérêt et de postuler. Vous prenez beaucoup de temps pour vous y préparer : vous échangez avec des collègues pour avoir des conseils, vous travaillez votre argumentaire, vous refaites soigneusement votre CV, vous vous mettez en énergie positive pour avoir ce poste ! Votre envie est forte, et vous êtes certain que les personnes qui décideront percevront votre motivation. Vous connaissez bien l'équipe et l'activité, ce poste est pour vous ! Et puis patatras ! Ils choisissent une autre personne. Vous ne comprenez pas : elle vient d'un autre service, elle ne connaît pas votre activité, en plus elle est plus jeune que vous ! Vous trouvez cela injuste et vous êtes en colère.

Vous pouvez ruminer cette situation longtemps. Rentrer chez vous et exprimer à votre conjoint à quel point vous ressentez de l'injustice. Dire que cette entreprise ne voit décidément pas vos qualités. Que cela ne sert à rien de s'investir. Que cette collègue est une arriviste et une incapable, d'ailleurs on s'en rendra vite compte. Vous pouvez nourrir votre frustration, l'entretenir, et vous jurer de ne pas en manquer une pour lui mettre des bâtons dans les roues. Votre frustration se transformera aussi en démotivation, « puisque c'est comme ça ».

Le choix du candidat sur ce poste n'était pas en votre pouvoir. Vous acharner à exprimer votre mécontentement et ruminer votre frustration non seulement ne sert à rien, mais cela ne punit qu'une seule personne : vous-même, et cela vous empêche de profiter de la nouvelle situation. Vous pouvez travailler le lâcher prise dans cette situation : accepter que cela ne s'est pas passé comme vous l'aviez imaginé et que cette nouvelle collègue a probablement des qualités pour ce poste. Vous pouvez changer de regard sur la situation et l'aborder comme une opportunité de

© Groupe Eyrolles

progression : demander un rendez-vous aux ressources humaines pour comprendre ce qu'il manquait dans votre candidature. Découvrir votre nouvelle responsable et ce qu'elle peut vous apporter pour progresser. Lui faire part de vos idées et l'aider dans sa mission. Contribuer avec elle à la réussite… et lui montrer tout ce que vous avez à apporter.



Il y a une histoire que nous aimons pour illustrer le lâcher prise, celle des chasseurs de singe :

**Le singe et la noix de coco**

En Malaisie, les chasseurs utilisent une technique pour attirer les singes : ils pratiquent une incision dans une noix de coco, la vident de son jus et y insèrent du riz. L'incision est juste assez large pour qu'une main fine y entre, en revanche pas assez grande pour qu'une main pleine de riz en sorte. Le singe en entrant sa main dans la noix et en s'emparant d'une poignée de riz, ne peut plus retirer sa main pleine maintenant trop grosse pour passer par l'orifice. Pendant qu'il s'acharne, le chasseur s'approche et attrape aisément le singe ainsi retenu. L'animal peut à tout moment retrouver sa liberté, il lui suffit de lâcher le riz et de s'échapper. Mais pour cela, il doit abandonner quelque chose d'important pour lui, sa nourriture.

Arrêter de râler, c'est arriver au boulot en acceptant que notre journée sera probablement pleine d'imprévus et de frustrations, et pourtant faire le choix de ne pas laisser ces choses pourrir notre journée. Accepter ce qui est, et regarder les situations avec lucidité n'est pas un acte de faiblesse, au contraire c'est une posture très puissante que nous adoptons sur la vie.

## Lâcher prise sur mes croyances limitatives

Au-delà de la réalité du quotidien et du comportement des autres, il y a autre chose qu'il est difficile de lâcher, mais qui pourtant est fondamental : ce sont toutes nos croyances négatives sur la vie, qui nous amènent à faire tourner en boucle notre scénario pessimiste intérieur.

Nous aimerions vous inviter à oser croire que chacun fait de son mieux, même si ce que chacun fait n'est pas forcément ce qui vous plaît ! Ainsi,

© Groupe Eyrolles

ce n'est pas parce que les choses se passent différemment de ce que vous avez prévu, qu'elles sont contre vous. Ce n'est pas parce que cette promotion tant attendue est attribuée à un collègue que « ce sont toujours ceux qui la ramènent qui sont récompensés ». Peut-être que ce collègue a vraiment performé cette année et que vous avez encore des points de progrès à marquer. Ce n'est peut-être pas volontairement que vous n'avez pas été informé de ce changement (quel qu'il soit) par votre chef (« on ne nous dit jamais rien »). Peut-être est-il lui-même préoccupé par la situation et n'a pas eu le réflexe d'en parler en amont, ou qu'il n'a pas eu le courage de le faire avant car il ne savait pas comment s'y prendre. Nous sommes invités à regarder avec lucidité quelles sont les croyances (ces petites phrases automatiques...) que nous plaquons sur les situations et nous évitent de regarder notre responsabilité... et notre pouvoir d'action.

Voici une histoire puissante pour prendre conscience de l'impact de nos croyances sur notre quotidien :

### L'âne et le paysan (auteur inconnu)

Un paysan se rend au marché avec trois de ses ânes pour vendre sa récolte. La ville est loin et il lui faudra plusieurs jours pour l'atteindre. Le premier soir, il s'arrête pour bivouaquer non loin de la maison d'un vieil ermite. Au moment d'attacher son dernier âne, il s'aperçoit qu'il lui manque une corde. « Si je n'attache pas mon âne, se dit-il, demain, il se sera sauvé dans la montagne ! » C'est pourquoi le paysan monte sur son âne après avoir solidement attaché ses deux autres bêtes, et prend la direction de la maison de l'ermite. Arrivé à destination, il demande au vieil homme s'il n'aurait pas une corde à lui donner. Le vieillard a depuis longtemps fait vœu de pauvreté et n'a pas la moindre corde. Cependant, il s'adresse au paysan : « Retourne à ton campement et, comme chaque jour, fais le geste de passer une corde autour du cou de ton âne. Surtout, n'oublie pas de feindre de l'attacher à un arbre. » Perdu pour perdu, le paysan fait exactement ce que lui a conseillé le sage. Le lendemain, à son réveil, son premier regard se porte sur son âne. Surprise, il est toujours là ! Après avoir chargé les trois baudets, il décide donc de se mettre en route. Mais là, il a beau faire, tirer sur son âne, le pousser, rien n'y fait : l'animal refuse de bouger. Désespéré, il retourne voir l'ermite et lui raconte sa mésaventure.

© Groupe Eyrolles

– As-tu pensé à enlever la corde ?, lui demande le vieillard.

– Mais, il n'y a pas de corde !, s'exclame le paysan.

– Pour toi oui, mais pas pour ton âne…

Le paysan retourne alors au campement et d'un ample mouvement, il mime le geste de retirer la corde. L'âne le suit sans aucune résistance.

Ne nous moquons pas de cet âne. Nous avons tous des croyances, s'exprimant sous forme de pensées automatiques, qui nous ont été transmises par notre environnement ou qui sont le fruit de nos expériences. Ce sont souvent des croyances populaires que nous adoptons sans les remettre en question. Par exemple : « on n'a rien sans effort », « l'avenir appartient à ceux qui se lèvent tôt », « la curiosité est un vilain défaut »… Pourtant, nous pourrions aussi dire : « on peut avoir beaucoup par plaisir », « l'avenir appartient à ceux qui sont heureux de se lever (quelle que soit l'heure…) » et « la curiosité est mère de la tolérance », etc.

Nous avons également hérité de croyances familiales. Nos parents et les adultes qui nous ont entourés tout au long de notre enfance et de notre éducation nous ont transmis des croyances profondément ancrées, sur la vie, les relations, le travail… Par exemple : « la vie est difficile » ; « il faut se battre dans la vie » ; « la société se dégrade » ; « il ne faut pas faire confiance à un inconnu » ; « les hommes sont lâches » ; « les femmes sont compliquées » ; « dans la vie on ne fait pas ce que l'on veut » ; « il faut du piston pour avoir une promotion » ; « on avance si on ne se laisse pas marcher sur les pieds » ; etc.

Nos expériences de vie également, nous font parfois intégrer des croyances négatives sur la vie et notre environnement. Pour nous protéger de la souffrance, nous pouvons en effet avoir tendance à généraliser une croyance à partir d'une expérience unique. Ceci est souvent vrai dans le cadre de nos expériences relationnelles. Par exemple, une personne peut avoir reçu une éducation plutôt confiante dans les autres et dans la vie, mais sa première expérience professionnelle va avoir lieu dans un environnement qui manquera de bienveillance, avec des collègues sournois et un boss voyant le négatif mais rarement le positif. Consciemment, mais aussi dans des couches plus profondes inconscientes, le message qui va s'inscrire à partir de cette expérience sera « au boulot, il ne faut pas faire confiance aux autres ». Cette personne développera

© Groupe Eyrolles

des comportements de méfiance, qu'elle reproduira dans d'autres expériences professionnelles. Si elle intègre ensuite un environnement plus bienveillant, il pourra lui falloir du temps pour quitter cette méfiance, car ce sera un réflexe ancré, de protection. La croyance « il faut se méfier au boulot », issue d'une expérience où cela était vrai, devient un postulat qui perdure dans toutes les situations, même celles où ce n'est pas vrai. Et vous, quelles sont les croyances que vous avez sur le boulot ?

## La page blanche

L'exercice de la page blanche pose le fait que nous avons en fait toujours le choix de faire autrement. Chaque situation peut être nouvelle, rien n'est vraiment écrit à l'avance. Il s'agit de visualiser la situation comme totalement nouvelle. L'aborder comme une page blanche, vierge de précédents, en laissant la possibilité à l'autre d'agir d'une manière inconnue pour nous, mais également en nous donnant cette possibilité à nous-mêmes de nous surprendre à aborder les choses autrement. C'est un véritable espace de liberté que nous avons et que nous ignorons souvent.

Lorsque je m'apprête à vivre une situation que je connais par cœur et qui me fait toujours râler (la réunion soporifique du lundi matin ; la queue à la cantine ; le point avec Michel sur son travail qui n'avance jamais…) :
- Je surveille mes mots, intérieurs et ceux que j'exprime, et je ne condamne pas la situation (l'autre) à l'avance.
- Je précise mentalement mon intention, qui n'est pas un objectif mais une posture intérieure, par rapport à cette situation (profiter de la pause du midi quel que soit le menu ; écouter ce que Michel a à me dire…).
- Je m'ouvre intérieurement à l'idée que je ne sais pas comment cela va se passer.
- Je me mets dans une disposition d'accueil et de découverte.

Les croyances limitatives se manifestent par des pensées automatiques qui arrivent spontanément lorsque nous sommes confrontés aux situations qui nous dérangent. Nous pouvons apprendre à les repérer dans notre flot de pensées, et à les questionner. Tiens, quand je pense ça (« je le savais mon travail n'est jamais reconnu »), est-ce que c'est vrai ? Est-ce une croyance (« en fait pas toujours. Lors du dernier entretien, mon responsable a reconnu la qualité de ma rigueur dans le travail ») ? Les pensées que nous

© Groupe Eyrolles

avons créent, dans notre cerveau, une réalité. Elles ont vraiment ce pouvoir de nous faire croire des choses. Par exemple, si j'ai chaque jour la pensée « la vie est difficile » ou « c'est toujours moi qui doit tout faire » ou encore « je ne trouverai jamais un travail qui me plaît », alors cette pensée va devenir une croyance profonde, que nous allons prendre pour une vérité... et nous agirons dans ce sens. En prenant conscience de nos pensées et de nos conditionnements, nous pouvons nous en libérer et réellement choisir avec quelles lunettes (ou quel filtre) nous avons envie de voir notre vie.

Il est possible de développer de nouvelles pensées, qui nous font sortir de notre croyance négative. Car c'est un autre point important : ces pensées, c'est nous qui les créons. Nous sommes le penseur. Personne d'autre que nous ne prononce cette phrase, dans notre tête. Nous sommes le penseur, mais nous ne sommes pas nos pensées ! Alors nous pouvons apprendre à en changer, et voir la vie autrement !

Il ne s'agit pas, comme Monsieur Coué, de se répéter à voix haute tous les matins « la vie est facile ». Mais peut-être de modifier doucement notre pensée/croyance, par exemple « la vie n'est pas toujours difficile ». C'est un bon début !

## Accepter de ne pas toujours savoir ce qui est bon pour nous

Il faut bien admettre que souvent, nous ne savons pas toujours ce qui est le mieux pour nous. On veut arriver à l'heure au boulot et on s'énerve au volant en râlant parce que notre réunion est très importante (ou bien pas si importante que cela, mais on dramatise, ce qui nous permet de nous sentir nous-mêmes importants). Et pourtant, nous ne pensons pas que, en étant bloqués dans les bouchons, nous venons peut-être d'éviter un accident de la route. Nous sommes pressés et nous ne voulons pas faire la queue à la cantine, mais peut-être que la personne qui attend derrière nous est merveilleuse à rencontrer. Nous sommes déçus de ne pas avoir été retenus à tel poste, mais nous ne savons pas que deux mois après, nous allons rencontrer une opportunité inespérée, plus près de chez nous, ou mieux payés. Parfois, on se dit que, vraiment, on n'a pas de chance. On a l'impression d'avoir la poisse, que tout va de travers. Certains perdent leur travail, d'autres n'arrivent pas à se faire entendre sur un projet et/ou ont des soucis de santé. Tout semble s'accumuler. Dans ces moments-là, on peut avoir l'impression qu'on nous a jeté un mauvais

© Groupe Eyrolles

sort. Mais, dans le fond, pouvons-nous affirmer à 100 % que nous savons vraiment ce qui est bon pour nous ? Est-il vraiment à notre avantage de vouloir contrôler toute notre vie et la gérer tout entière ?

Voici un conte (dont les origines sont inconnues) que nous vous proposons pour vous ouvrir les yeux.

### Le roi et son conseiller

Il y a bien longtemps, un roi avait un sage conseiller. Celui-ci avait pour habitude de répéter au souverain : « Tout ce qui t'arrive est pour ton bien. » Or il arriva que, lors d'une parade, le roi lâcha son sabre et se trancha un orteil. Fort contrarié, il se rendit chez son conseiller et lui demanda si cet accident était arrivé pour son bien. Le sage lui répéta une fois de plus : « Tout ce qui t'arrive est pour ton bien. » Fou furieux, il considéra ses paroles comme un affront et décida de l'emprisonner pour le punir.

Quelque temps plus tard, le roi partit à la chasse entourée de sa cour. La troupe se dispersa assez rapidement dans l'immense forêt, si bien que quand la nuit tomba, le roi se retrouva seul, et qui plus est perdu. Il eut beau appeler, personne ne répondit. Il chercha, chercha et chercha encore une issue, en vain. À bout de force, il finit par apercevoir la lueur d'un feu. « Sauvé, je suis sauvé ! » se dit-il. Il marcha donc vers la lumière et découvrit une tribu qu'il ne connaissait pas dans son royaume. Il se présenta comme le roi de cette forêt et lui promit une grande récompense si elle l'aidait à retrouver son palais.

Mais les choses ne se passèrent pas comme prévu. Les indigènes ne parlaient pas sa langue. Ils se montrèrent agressifs et le roi comprit vite qu'il était tombé sur une tribu de cannibales dont ses soldats lui avaient déjà mentionné l'existence. Ils firent donc les préparatifs pour le manger, et avant de le rôtir, ils le déshabillèrent. C'est à ce moment qu'ils aperçurent son pied mutilé. Or, comme tout le monde le sait, les cannibales ne dévorent jamais les personnes estropiées. Ils le relâchèrent donc, non sans regret tant il paraissait appétissant.

Après quelques périples, le roi finit enfin par retrouver son palais. Il s'empressa d'aller trouver son conseiller et de le libérer : « C'est vrai, tu avais raison : même cet accident avec mon sabre s'est révélé être pour mon bien. Mais je doute fort que tu puisses considérer que ces semaines

© Groupe Eyrolles

passées en prison ont été pour ton bien ! » Ce à quoi le sage répondit :
« Majesté, tout ce qui m'arrive est pour mon bien. Si je n'avais pas été en
prison, je vous aurais accompagné à la chasse. Mais moi, je ne vous aurais
pas lâché et nous nous serions retrouvés tous les deux chez les cannibales. Or moi, j'ai encore mes dix orteils... »

Ce conte illustre parfaitement le fait que nous ne pouvons pas tout
contrôler et qu'il faut apprendre à accepter que les choses ne se passent
pas toujours comme nous le voudrions. Et pour aller plus loin nous aimerions vous partager une autre conviction : s'ouvrir à l'imprévu, aux sur-
prises de la vie, c'est cela qui en fait tout son sel, et bien souvent nos plus
grands bonheurs arriveront dans ce que nous n'avions pas prévu... c'est
l'expérience régulière que font tous ceux qui pratiquent le lâcher-prise !

## La roue des émotions

Apprendre à décrypter finement ses émotions est essentiel. Vos émotions,
ce sont de l'énergie qui résonne avec vos pensées, et votre expérience
passée. Vos émotions sont des signaux, qui ont tout le temps quelque
chose à vous apprendre de vous, de la situation que vous vivez. Si une
émotion n'est pas écoutée, comprise, elle pourra vous habiter longtemps,
plusieurs jours, mois, voire années. Certaines personnes restent en colère
des années durant (ou tristes, ou honteux...) parce qu'ils n'ont jamais pris
le temps de comprendre cette émotion et ce qu'elle traduisait. Pour cette
raison, il est important d'apprendre leur langage. Pour cela nous vous
proposons une roue des émotions[1]. Nous vous invitons à l'utiliser souvent
pour être très précis dans la compréhension de ce que vous ressentez.
En élargissant votre palette de couleurs émotionnelles, vous enrichissez
votre palette de réactions face à la vie car on ne prend pas soin de son
besoin de la même manière quand on est inquiet ou confus, quand on se
sent désapprouvé ou jugé, perplexe ou terrifié... En apprenant à reconnaître vos émotions, vous leur (re)donnez donc leur vraie place dans votre
vie, celle de vous signaler que quelque chose va bien ou ne va pas bien.

---

1. Sur le site www.jarretederaler.com vous pouvez télécharger gratuitement le kit « J'arrête
de râler » dans lequel vous trouverez cette roue en grand format.

© Groupe Eyrolles

Une fois « entendues » elles pourront aisément « circuler », comme le fait un nuage dans le ciel. C'est quand nos émotions ne sont pas reconnues qu'elles s'enkystent dans notre vie et qu'elles polluent notre quotidien.

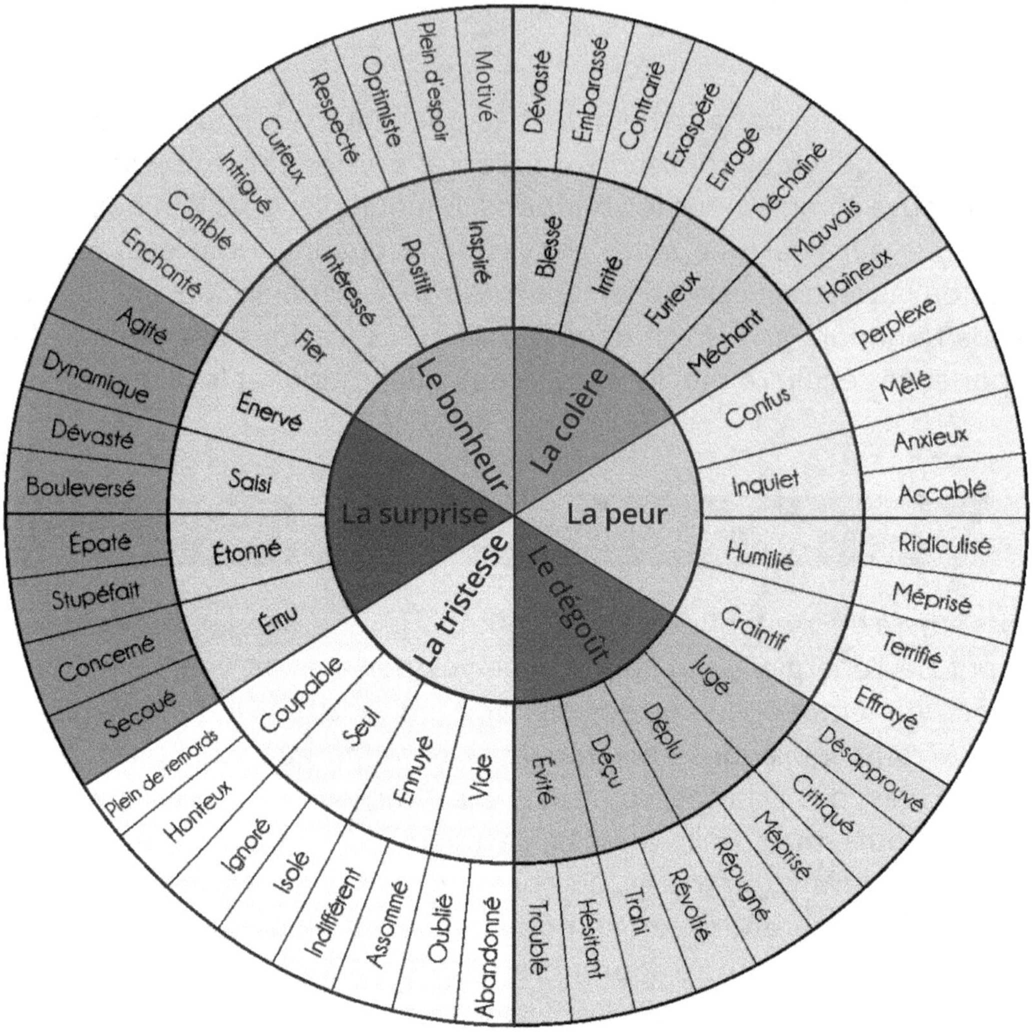

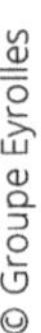



La roue des émotions

Nous vous recommandons d'afficher cette roue des émotions près de votre espace de travail et à la maison sur votre frigo ! À chaque fois que vous vous sentez émotionnellement activé, essayez d'utiliser le mot précis de l'émotion que vous ressentez. Cela vous permettra de comprendre votre besoin sous-jacent, de choisir ce que vous voulez en faire et aussi de mieux accepter ce qui se passe.

© Groupe Eyrolles

Parfois, vous rentrez chez vous le soir vaguement énervé, et vous passez une mauvaise soirée avec votre famille, sans trop savoir pourquoi. Certaines personnes savent intuitivement lier leurs émotions à une situation et à un besoin… Pour d'autres, cela est moins naturel. Prenez donc un temps de retrait et posez-vous ces questions :



- Quelle est l'émotion précise que je ressens ?

  . . . . . . . . . . . . . . . . . . . . . . . . . . . . . . . . . . . . . . . . . . . . . . . . . . . . . . . . . . . . .

- Depuis quel moment exactement je la ressens ? À quoi est-elle liée, qu'est-ce qui l'a déclenchée ?

  . . . . . . . . . . . . . . . . . . . . . . . . . . . . . . . . . . . . . . . . . . . . . . . . . . . . . . . . . . . . .

- Quand vous avez trouvé la situation qui l'a déclenché, demandez-vous : quel serait mon besoin dans cette situation ?

  . . . . . . . . . . . . . . . . . . . . . . . . . . . . . . . . . . . . . . . . . . . . . . . . . . . . . . . . . . . . .

Ce moment de recul avec vous-même vous permettra d'introduire un espace, un temps, entre vos émotions et vos actions, et cet espace, ce sera justement votre liberté d'agir comme vous le souhaitez profondément. Avec cette première étape, vous pourrez ensuite décider de lâcher prise, de communiquer ou de passer à l'action…

## Goûter le moment présent

Nos râleries, nos ruminations, nos frustrations existent bien souvent parce que nous ne sommes pas dans le moment présent : nous rabâchons le passé ou nous nous inquiétons pour l'avenir. Nous ressassons nos pensées négatives, nos critiques, nos peurs, nos manques, nos jugements et nous ne sommes pas dans le présent, et encore moins dans l'instant.

Prendre le temps de se connecter régulièrement avec l'instant présent apporte un flot insoupçonné de sérénité dans notre quotidien et contribue grandement à notre capacité de lâcher prise.

Voici quelques suggestions pour vous aider à mettre cette pratique au cœur de votre vie. Vous trouverez également de nombreuses ressources dans des exercices de méditation de pleine conscience facilement accessible sur le Net.

© Groupe Eyrolles

## À vous de jouer !

- Si possible, fermez les yeux.
- Commencez par prendre conscience de votre respiration. L'air qui entre dans vos narines, et qui en ressort, plus chaud. Votre ventre et votre poitrine qui se gonflent au rythme de votre respiration. Vous pouvez imaginer le flux de la vie qui entre en vous et se répand dans votre corps, puis les toxines diverses qui sont exhalées. Vous pouvez profiter de ce mouvement de l'air inspiré – expiré pour absorber du calme à l'inspiration et rejeter vos soucis à l'extérieur à l'expiration.
- Utilisez vos cinq sens pour être pleinement attentif à ce qui vous entoure, dans l'ordre que vous souhaitez.
  - L'ouïe, les sons : écoutez-les, sans filtre, sans jugement, sans y réfléchir. D'où viennent-ils ? À droite ? Devant ? Lointains ou proches ? Amusez-vous à repérer tous les sons, même ceux plus subtils que vous ne percevez pas en première intention.
  - La vue : même les yeux fermés, que perçoivent vos paupières ? Quelle est la couleur de la lumière qui filtre ? Froide ? Intense ? Douce ? Est-ce qu'elle varie ? Percevez-vous des ombres ?
  - L'odorat : que sentez-vous autour de vous ? Êtes-vous dans un environnement riche en odeurs, aseptisé ? Y a-t-il une odeur dominante ? La reconnaissez-vous ?
  - Le goût : quel goût avez-vous dans votre bouche ? Sucré ? Chaud ? Passez votre langue sur vos lèvres, quelles sont vos sensations ?
  - Le toucher : que sent votre peau ? Le contact de vos vêtements ? La moiteur de l'été ou le froid de l'hiver ? Le souffle du vent ?

Prenez le temps de faire cet inventaire. Si vous partez dans vos pensées ce n'est pas grave, prenez-en juste conscience et revenez vers ce moment présent.

- Enfin, revenez à votre respiration tout en restant conscient de toutes ces sensations. Quand vous respirez, que vous dit votre corps, que portez-vous dans le souffle ? Ressentez-vous de la paix ? De l'angoisse ? De l'impatience ? Notez-le simplement. Vous êtes dans l'instant présent, avec vous, en vous, et vous goûtez à « l'épaisseur de l'instant », comme le dit le philosophe Bergson. Rien n'existe vraiment en dehors de cet instant.

© Groupe Eyrolles

# CHAPITRE 7
# J'envisage mon travail comme un moyen d'être heureux

Vous vous autorisez enfin à vous faire du bien, et avec le lâcher-prise, vous avez commencé à changer vos perceptions de la vie. Alors osons cette troisième clé, qui est de changer notre regard sur le travail.

## Bonheur et travail, deux notions inconciliables ?

L'origine supposée du mot travail est le latin *tripalium*, « instrument de torture ». Au XXe siècle, travail signifiait « tourment, souffrance », et aujourd'hui, le premier sens est celui de « labeur ». La tradition chrétienne portait le message « Tu gagneras ton pain à la sueur de ton front », véhiculant ainsi une idée d'effort et de souffrance, et la perspective marxiste présente le travail comme une aliénation de l'ouvrier qui l'éloigne de sa nature profonde.

Pourtant comme nous l'avons vu avec la pyramide des besoins de Maslow (voir chapitre 3) parmi nos besoins les plus ultimes, nous trouvons le besoin d'appartenance, ainsi que les besoins d'accomplissement et de réalisation. Quel meilleur terrain dans la vie que notre travail pour nourrir ces besoins ? Et même si parfois notre boulot n'est pas parfait, nous y passons finalement tellement de temps que cela vaut peut-être le coup de changer notre posture et d'en exploiter au maximum le potentiel, non ?

© Groupe Eyrolles

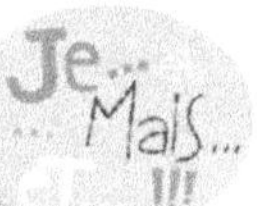

« Richard est un salarié de mon entreprise qui est pour moi un exemple inspirant. Il n'a pas un poste à fortes responsabilités, il a une mission plutôt routinière : scanner les dossiers qui arrivent chaque jour au courrier principalement, parfois distribuer le courrier et gérer les fournitures de bureau. Richard aurait de quoi s'ennuyer, râler beaucoup, ou être simplement résigné. Il est dans l'entreprise depuis longtemps et a vécu des moments difficiles professionnellement, à certaines périodes. Nous avons même failli nous séparer.

Mais en adoptant la posture J'arrête de râler (Richard a fait le challenge au sein de Groupama mais il avait commencé ce chemin bien avant), Richard a décidé de voir les choses du bon côté et de prendre sa vie en main. Aujourd'hui, dans son poste, qui pourrait paraître monotone et peu créatif, Richard s'investit. Il fait des propositions et contribue à améliorer la façon dont nous travaillons. Plutôt que de râler, il va voir son responsable ou ses collègues, et exprime calmement ce qu'il pense. Richard est devenu acteur de sa vie professionnelle, et ainsi acteur de l'entreprise, et cela a augmenté sa qualité de vie au travail, son sentiment de satisfaction et de réalisation. Et cela a aussi donné envie à sa hiérarchie de lui confier des missions plus larges.

Il se trouve que Richard est également délégué syndical au sein de l'entreprise. Voilà ce qu'il a dit à propos du challenge : "En arrêtant de râler on gagne de plus en plus en impact. Sinon on est en confrontation et ça n'avance pas. Les messages passent mieux qu'en rentrant dedans, je m'en rends compte dans mes fonctions syndicales. On est plus entendus par la direction." »

Emmanuelle

© Groupe Eyrolles

Et si le travail n'était pas un mal nécessaire mais au contraire un moyen pour être heureux ? Bien sûr, il existe des situations de souffrance au travail. Notre propos n'est pas de le nier. Comme partout, le meilleur et le pire des penchants de l'humanité peuvent s'y exprimer. Le monde du travail n'est pas un lieu idéal et toujours bienveillant. On y croise, comme dans la vie, des gens mal intentionnés, des personnes qui ont besoin de faire payer aux autres leurs propres frustrations, et aussi des héritages culturels ou sociaux où le pouvoir, la manipulation et la domination semblent être la meilleure façon de réussir. Nous sommes aussi conscientes que les modèles organisationnels n'ont pas toujours été les plus inspirés concernant le respect et l'épanouissement de l'individu.

Cependant, il est important également de prendre conscience que le rôle de l'entreprise n'est pas de nous rendre heureux. *C'est à nous de nous rendre heureux au travail.* Notre sentiment de bonheur nous appartient et nous en sommes seuls responsables. De surcroît, nous pouvons nous réjouir de constater que les entreprises se préoccupent de plus en plus du bien-être de leurs salariés, et les notions humanistes progressent dans la majeure partie des entreprises françaises ; on n'a jamais autant parlé de sens au travail, et de remettre les salariés au cœur de l'entreprise. La mode est aux « chief happiness officers », les responsables de bonheur en entreprise. Oui, c'est peut-être une mode comme de nombreuses autres, et qui sera bientôt remplacée par une autre, mais pour autant, cela fait avancer les choses, la vision de la vie en entreprise, et l'idée que bonheur et travail ne sont pas incompatibles.

À la fin de notre vie, quand nous ferons le bilan des années écoulées, quand nous nous demanderons si nous avons réussi à être heureux et épanouis, nous penserons probablement en premier aux personnes que nous avons aimées et à celles qui nous ont aimés. Mais une fois ce bilan affectif établi, deux autres questions existentielles nous habiteront : « Ai-je eu l'occasion dans ma vie de prendre ma place, d'être moi-même et de m'exprimer ? » et « Ai-je su me rendre utile et apporter de la valeur dans la vie des autres ? » L'expression de soi, la contribution à un projet collectif et le lien aux autres sont les éléments clés de notre épanouissement et nous avons la conviction que notre travail nous donne de nombreuses occasions de les vivre au quotidien.



© Groupe Eyrolles

Dans son livre *L'Apprentissage du bonheur*, Tal Ben-Shahar nous explique que le bonheur au travail résulte de la conjonction de différents éléments permettant :

- de vivre des relations harmonieuses (lien, sentiment d'appartenance) ;
- d'éprouver au quotidien des émotions positives (plaisir) ;
- d'utiliser ses qualités et compétences (accomplissement) ;
- de se sentir utile (sens).

Pensez-vous sérieusement n'avoir aucun contrôle sur ces éléments ? Ils dépendent en grande partie de vous. Ce qui va altérer notre épanouissement au travail, ce n'est pas le fait *d'avoir* du travail, de devoir résoudre des difficultés, de devoir gérer des relations parfois compliquées avec nos collègues ou de se mobiliser autour des imprévus... c'est au contraire le fait de ne pas avoir d'occasion de dépassement, le fait de ne pas savoir saisir les opportunités qui s'offrent à nous d'apporter le meilleur de nous-mêmes pour résoudre des problèmes avec nos collègues, le fait de s'iso-ler, de ne pas oser nous dépasser ou exercer notre flexibilité et notre créativité. Oui, nous sommes convaincues que le travail est finalement le meilleur terrain de jeux des adultes pour s'épanouir et apporter sa contri-bution au monde.

Et même si votre job ne vous laisse pas beaucoup de latitude dans les tâches à accomplir, vous pouvez choisir de faire de votre lieu de travail un terrain de jeu relationnel ! Nous connaissons tous cette personne, dans notre entreprise, que tout le monde apprécie, qui semble heureuse natu-rellement, et qui fait du bien aux autres. Votre challenge, ça pourrait être cela : comment s'inspirer de cette personne pour faire partie de ceux qui font du bien aux autres, de ceux qui contribuent à faire émerger le meil-leur dans toutes les situations ?

© Groupe Eyrolles

## Donner du sens à notre travail

Dans la fable de William James, trois hommes travaillent à casser des pierres pour une cathédrale. Le premier trouve son travail pénible, c'est idiot de casser des pierres. Le deuxième est décontracté, le travail en plein air lui convient. Le troisième irradie de bonheur, il a un but : bâtir une cathédrale.

De la même manière que nous nous posons la question du sens de la vie, posons-nous celle du sens du travail. Bien sûr, le sens du travail, dans les entreprises privées en tout cas, c'est de gagner de l'argent pour les actionnaires, et ça, souvent, ça ne fait pas très envie ! Mais même dans ce contexte, nous pouvons voir les choses différemment, et nous dire que le sens de notre travail, c'est de réaliser quelque chose, seul ou, mieux, à plusieurs, quelque chose dont nous serons fiers. De quoi êtes-vous fier dans votre travail actuel ? Qu'est-ce qui pourrait vous rendre fier dans les semaines et les mois à venir ? La fierté peut venir de choses simples. Fierté de la manière dont nous traitons les clients, fierté de la qualité des produits que nous concevons, fierté de l'entraide que nous avons entre collègues…

Et si notre travail était un merveilleux terrain de jeux pour s'élever et vivre nos valeurs profondes au quotidien ? C'est à chacun de nous de trouver ce travail, cette contribution que nous souhaitons apporter, en conjuguant nos rêves, nos talents et les réalités de notre vie présente.

© Groupe Eyrolles

## Concevoir son travail comme une vocation

Martin Seligman, le fondateur de la psychologie positive, décrit trois sortes de vies heureuses :

- la vie plaisante, remplie de plaisir ;
- la vie de l'engagement, dans laquelle nous centrons notre vie sur notre travail, notre rôle de parent, nos relations amoureuses et nos loisirs ;
- la vie pleine de sens, dans laquelle nous cherchons à connaître nos talents pour les mettre au service de quelque chose qui est au-delà de nous-mêmes.

Nous pouvons ainsi vivre notre travail de trois façons : comme un boulot nous apportant un salaire qui nous permet d'accéder à nos plaisirs pendant le week-end ou les vacances ; comme une carrière dans laquelle notre priorité est d'évoluer et de gravir les échelons des responsabilités, et ainsi « réussir » et nous rassurer sur notre valeur ; ou bien comme une vocation dans laquelle nous cherchons chaque jour à partager le meilleur de nous-mêmes et à nous dépasser *pour être le changement que nous voulons voir dans le monde.*

Quand nous envisageons notre boulot uniquement comme un moyen d'obtenir de l'argent, nous le vivons comme une contrainte, un mal nécessaire, dont nous ne retirons aucun autre profit que financier. Ainsi, le lundi nous attendons le vendredi, et nous attendons la fin du mois pour recevoir notre fiche de paie.

Voir son travail comme une carrière, c'est envisager une augmentation, une promotion, de la reconnaissance et du pouvoir. Notre motivation est guidée par notre désir de gravir les échelons de la hiérarchie. Nous avons une vision relativement égocentrée de notre travail et finalement, nous recherchons surtout ce que nous pouvons en tirer pour nourrir notre ambition.

Celui qui vit son travail comme une vocation est satisfait de recevoir son salaire en fin de mois, mais quelque chose de plus grand le motive et lui donne envie de se dépasser. *Il ne cherche pas en priorité à recevoir, il cherche surtout à donner* (et il recevra bien plus en retour[1]). Il voit son travail comme un terrain de jeux pour collaborer et créer de la valeur, comme un privilège et une source d'opportunités et non pas comme une contrainte ou une obligation.

---

1. Sur cette idée du don en entreprise, nous vous recommandons la lecture du très beau livre d'Alain Caillé et Jean-Édouard Grésy, *La révolution du don. Le management repensé à la lumière de l'anthropologie* (Seuil, 2014).

© Groupe Eyrolles

Alors, quel sens souhaitez-vous donner à votre travail ? Celui de satisfaire vos clients, qui sont des personnes comme vous ? Celui de faire progresser, à votre façon, la société ? Celui d'être source de progrès et d'innovation ? Celui d'apporter de la chaleur humaine à vos collègues, qui ont leurs propres soucis ? Celui de contribuer à un projet collectif, et de réussir ensemble (la réussite pouvant être juste d'essayer…) ? Pour *quoi* voulez-vous vous lever tous les matins ?

## L'avis du psychologue du travail

« Idéalisation du travail + insatisfaction au travail = frustration. Voici comment pourrait être résumé le vécu au travail en France, tel que révélé par l'Observatoire de la vie au travail depuis 2009. Deux Français sur trois envisagent le travail comme un idéal mais en même temps ils vivent le leur de façon insatisfaisante. On pourrait croire qu'en France, le travail est vécu de façon négative ; c'est partiellement vrai, du fait que globalement les salariés se plaignent du manque de transparence de leur organisation, du manque de proximité de leurs dirigeants et syndicats et d'un manque d'enthousiasme au quotidien. Toutefois, le travail reste une valeur sociale forte, juste derrière la famille, devant les amis et les loisirs : il est central dans leur vie et les Français ont envie de s'y investir, ils se sentent impliqués par celui-ci et il représente un potentiel d'épanouissement existentiel fort. Mais c'est un idéal qui ne se concrétise que trop peu, faute de chercher et de trouver l'emploi qui correspond le mieux à qui l'on est, authentiquement. Les travailleurs les plus satisfaits sont ceux qui contrairement aux idées reçues n'ont pas la sécurité du CDI ou d'une grande structure. En effet, les free-lances, les intérimaires qualifiés ou les dirigeants d'entreprise sont les plus heureux au travail, malgré la précarité de leur emploi, car ils choisissent

© Groupe Eyrolles

d'exercer le travail qui correspond le mieux à leurs aspirations et compétences. Enfin, les salariés des TPE (très petites entreprises de moins de 11 salariés) présentent les meilleurs scores de vécu au travail. Leur secret ? Plus de transparence, plus de proximité et plus d'enthousiasme, justement, du fait de la petite taille de la structure de leur employeur… Ce qui montre que lorsque le travailleur concrétise ses idéaux professionnels et voit l'impact du résultat de son travail, moins il râle et plus il s'épanouit ! »

Pierre-Éric Sutter est psychologue du travail, préventeur-IPRP et psychothérapeute en thérapie existentielle. Il dirige l'Observatoire de la vie au travail et mars-lab, cabinet de conseil en prévention de la santé mentale au travail et en optimisation de la performance sociale. Il est enseignant à l'École de psychologues praticiens.

## Les facteurs de motivation

Les professionnels du management le savent bien, il existe deux sortes de facteurs de motivation[2] : les facteurs extrinsèques et les facteurs intrinsèques.

- Les facteurs extrinsèques sont extérieurs à la personne et sont des éléments apportés par l'environnement : je peux être motivé par mon salaire, par mon statut, par les signes de reconnaissance… le travail est alors un moyen de réaliser ces objectifs de motivation.
- Les facteurs intrinsèques sont ceux qui vous appartiennent, vous habitent, et ne dépendent pas d'un objet extérieur : le plaisir de faire, le plaisir du résultat, le plaisir de se sentir à sa place, le plaisir de contribuer. C'est la motivation à faire votre travail juste pour le plaisir que cela vous procure, le sens que cela vous apporte, pas pour un autre objectif.

---

2. Si vous voulez aller plus loin sur ce sujet, nous vous invitons vivement à lire le livre de Christine *Wake Up ! : 4 principes fondamentaux pour arrêter de vivre sa vie à moitié endormi*, publié aux éditions Eyrolles, 2014. Vous pouvez aussi sur son site www.christinelewicki.com demander à télécharger le kit « Wake up », gratuit, dans lequel vous trouverez déjà un début de ressources pour réfléchir à cette idée de se servir de son travail pour s'épanouir et contribuer au monde.

© Groupe Eyrolles

Pour explorer vos motivations intrinsèques, nous vous invitons à définir le verbe (ou plusieurs) qui pourrait définir ce que vous avez réellement envie de vivre dans votre activité professionnelle. Regardez la liste de verbes que nous vous proposons ci-dessous et choisissez ceux que vous voulez incarner par vos actions. Ceux qui pourraient représenter le sens que vous voulez donner à votre travail.

Je me lance

| | | | |
|---|---|---|---|
| Accompagner | Développer | Guider | Organiser |
| Accroître | Diagnostiquer | Inculquer | Partager |
| Adapter | Dialoguer | Influencer | Permettre |
| Aider | Élaborer | Informer | Piloter |
| Améliorer | Éliminer | Innover | Proposer |
| Arrêter | Encourager | Inspirer | Réduire |
| Bâtir | Engager | Légitimer | Résoudre |
| Choisir | Éradiquer | Limiter | Recommander |
| Communiquer | Établir | Matérialiser | Sélectionner |
| Concevoir | Entreprendre | Maximiser | Soutenir |
| Conseiller | Exprimer | Mener | Stimuler |
| Convaincre | Fonder | Minimiser | Structurer |
| Créer | Former | Motiver | Superviser |
| Découvrir | Formuler | Négocier | Tracer |
| | | Opérer | Transmettre |
| | | | Valider |

Prenez le temps de formuler deux ou trois phrases avec ces verbes qui pourraient mettre en mots les motivations intérieures qui guident vos actions au quotidien, le temps de définir ce qui vous motive réellement, et ensuite saisissez toutes les opportunités qui se présentent pour vous mettre dans des situations qui vous motiveront et vous apporteront une bien plus grande satisfaction.

© Groupe Eyrolles

# CHAPITRE 8

# Je comprends que le changement commence par moi

À ce stade de votre lecture, vous avez commencé le challenge, vous comptez déjà les jours… Vous avez appris à lâcher prise et découvert que vous pouvez changer votre regard sur le travail. La quatrième clé fondamentale de ce challenge, vous invite à prendre conscience que *vous êtes* la personne par qui le changement peut arriver dans votre vie… et pour votre entourage.

## Envisager les problèmes sous l'angle des contrastes

**Chance ou malchance, qui sait ?**

Un vieux fermier possédait un cheval avec lequel il labourait ses champs. Un jour, le cheval s'enfuit vers les collines. Au voisin qui le prenait en sympathie, le vieillard répondit : « Chance ? Malchance ? Qui sait ? » Une semaine plus tard, le cheval revint des collines avec un troupeau de chevaux sauvages, et cette fois les voisins félicitaient le vieillard de sa bonne chance. Il répondit encore : « Bonne chance ? Malchance ? Qui sait ? » Puis, lorsque son fils, en voulant dompter l'un des chevaux sauvages, fit une chute et se brisa la jambe, tout le monde cru que c'était une grande malchance. Le fermier, lui, se contenta de dire : « Malchance ? Bonne chance ? Qui sait ? » Quelques semaines plus tard, l'armée entra dans le village et mobilisa tous les jeunes gens valides. Quand ils aperçurent le fils du vieillard avec sa jambe cassée, ils le dispensèrent du service. Était-ce de la chance ? De la malchance ? Qui sait ?

© Groupe Eyrolles

J'ai un problème ? Une panne de métro, un ascenseur en panne, la pluie ou le froid, c'est un problème. L'ordinateur qui ne démarre pas, du retard au travail, la collègue absente, c'est un problème. Mon boss de mauvaise humeur, la direction qui annonce un changement, une réclamation d'un client qui me tombe dessus, c'est un problème. Le fournisseur en retard, une commande annulée, un contrat non signé, c'est un problème. Mon enfant malade, mes vacances refusées, ma boîte qui déménage, c'est un problème. Oui, nous pouvons voir tout cela comme des problèmes, mais en fait, *c'est juste la vie*. Et probablement que tous ces imprévus sont des opportunités pour que notre vie change, et que de nouvelles choses nous arrivent. Apprenons à regarder ces imprévus comme des contrastes[1], sans le jugement de savoir s'ils sont positifs ou négatifs. Nous ne savons pas encore ce que la vie nous réserve avec cet imprévu. Quel ennui ce serait si la vie n'apportait rien de nouveau, de différent, qui nous invite à nous réinventer, à rebondir, à apprendre, à nous enrichir ! Ce qui s'impose à moi est une occasion de changement et de développement.

Un contraste, nous dit le Larousse, c'est une « *opposition de deux choses, dont l'une fait ressortir l'autre* ». Que va faire ressortir cette situation contrariante ? Peut-être qu'elle va m'inviter à reconsidérer mes projets ou à m'appuyer sur les autres, ou à vraiment m'atteler à comprendre pourquoi, au fond, j'ai tel défaut qui me handicape. Ce retard du métro, ce sera peut-être l'occasion de ralentir, de respirer et de faire baisser mon stress. Cette collègue qui m'a répondu vertement, l'occasion d'avoir une explication franche avec elle et de repartir sur de bonnes bases. Cette promotion que je n'ai pas eue, l'occasion de faire le point sur ce que j'ai vraiment envie de faire dans la vie, qui s'avère être peut-être tout autre chose que cette promotion qui nourrit mon orgueil. Mon supérieur qui me fait des reproches, l'occasion de développer des aptitudes ou des compétences, en l'écoutant.

Et si chaque problème, ou plutôt chaque « contraste » dans notre vie, était une occasion de changement pour nous développer ? La prochaine fois que vous vous confrontez à un « problème », nous vous invitons à vous poser les questions suivantes : « qu'est-ce que cette situation met en avant, en valeur ? », « qu'est-ce qu'elle me montre, m'invite à regarder,



© Groupe Eyrolles

---

1. Merci à Arnaud Sébal et l'école humaniste de Gestalt pour cette notion de contraste.

à réfléchir ? », « qu'est-ce que je peux apprendre, avec cette *situation contraste* ? »

Un événement n'est pas négatif en soi. Il arrive juste et requiert mon attention. Par ailleurs, dans chaque situation, il y a toujours plus de possibilités que ce que j'imagine.

## L'avis de l'expert en management

### Transformez vos pépins en pépites[2]

« Nous sommes le peuple le plus râleur de la terre. Vous ne démarrez pas au millième de seconde au feu vert, vous vous prenez immédiatement une bordée de klaxons. Si vous voulez briller, dites du mal de vos voisins : le talent se mesure à la critique. Les médias qui proposent nombre de débats contradictoires ont bien compris que la polémique fait vendre. En France, la critique rassemble plus que l'éloge. Il faut dire que l'école nous a plus appris le sens critique que la bienveillance. Les citations affluent. Beaumarchais déclare : « Sans la liberté de blâmer, il n'est pas d'éloge flatteur » ; Louis Pasteur persiste en 1888 : « Ayez le culte de l'esprit critique », et Camus signe : « Je me révolte, donc je suis. »

### Un champ immense

La critique est le marché d'avenir. Pourquoi ? Parce que quel que soit le point de vue (comportement, politique, économique, législatif, sociétal, culturel, technologique, institutionnel), elle est devenue une « matière première » en très forte croissance

---

2. Slogan créé par Philippe Détrie (*Les Réclamations clients*, Eyrolles, 2007) et repris par l'AMARC (Association du management de la réclamation client).



© Groupe Eyrolles

pour de nombreuses raisons : elle est naturelle, autorisée par les démocrates, dynamisée par l'exigence qui abaisse les seuils de déclenchement, protégée par la loi, encouragée par les médias, aimée des Français, centuplée par l'Internet. Tout spécialiste de la critique se réjouira de l'immensité du gisement. Le calcul est simple :

- 7,5 milliards de personnes vivent aujourd'hui dans le monde.
- Chacun râle en moyenne au moins une fois par jour (moins confinerait à la sainteté).
- L'espérance de vie mondiale est de 72 ans.
- Le nombre de critiques s'élève a minima à 260 000 000 000 000 par jour ! Et c'est sans compter que pour une émise, c'est dix non formulées. On pourrait sereinement ajouter un zéro si on savait prononcer cette somme astronomique…

## Une critique est toujours bonne à prendre

Rien ne sert de l'éluder : non seulement cela ne fait pas avancer les choses, mais on se fait du mal car on se victimise ! C'est simplement une question de comportement : percevez-vous une critique comme une agression ou comme une source d'amélioration ? Est-ce une opportunité ou une menace ? Une critique (fondée bien sûr, mais la plupart le sont !) est la manifestation d'un désaccord. Notre ego a vite fait de la transformer en déclaration de guerre !

En entreprise, la réclamation est une perle. Un client exigeant est source de progrès, un client facile est source d'embonpoint. Quel dommage de ne pas utiliser ce cadeau, en plus gratuit et venant de clients qui vous disent qu'ils peuvent vous quitter !



© Groupe Eyrolles

*Le mieux est de focaliser l'énergie dégagée par la critique à des fins de progrès plutôt que de justification. L'excellence, c'est savoir attirer la critique à soi. »*

Philippe Détrie,
fondateur de la Maison du Management et auteur de nombreux livres

## Dans toutes les situations, j'ai le choix

Nous aimerions vous inviter à explorer l'idée que dans toutes les situations, nous avons le choix. Cette idée n'est pas facile à comprendre, il faut parfois du temps pour l'intégrer, parfois plusieurs mois ou plusieurs années. Oui, nous avons toujours le choix : le choix de la façon dont nous allons vivre cette situation, et interagir avec elle, ce que nous allons en faire dans notre vie.

Nous n'avons pas le choix de la manière dont tourne le monde. Pas le choix de l'endroit où nous sommes nés, de notre famille, pas le choix de notre physique, pas le choix des décisions des autres, surtout. C'est vrai aussi au boulot, où de très nombreuses choses vous sont bien souvent imposées : votre lieu de travail, vos horaires, votre salaire, vos augmentations, l'organisation de votre entreprise, votre chef, vos missions, vos collègues... Et pourtant même quand vous pensez ne pas avoir le choix, il vous reste une zone de choix : celle de l'impact de ces situations imposées sur vous, sur vos pensées, sur vos émotions, sur votre sentiment de bonheur.

Prenons par exemple l'un des cas les plus extrêmes des frustrations que vous pouvez rencontrer dans votre boulot : le licenciement. Imaginons que vous venez de perdre votre travail. Selon votre personnalité, vous êtes déprimé, en colère, blessé, et c'est normal. Probablement que vous ressentez beaucoup d'injustice. Il vous reste pourtant un choix à faire, dont vous êtes seul responsable : comment décidez-vous de vivre la situation ? Bien sûr, votre ressentiment, nous n'en doutons pas, est justifié ; vous pouvez l'entretenir longtemps, garder cette amertume, entretenir cette injustice, confirmer vos croyances sur le monde professionnel (« l'entreprise est une

© Groupe Eyrolles

jungle » ; « les patrons sont tous sans cœur »...) Vous pouvez aussi accepter que vous ne pourrez pas changer ce qui s'est passé, et alors « secouer la poussière de vos sandales », changer de chemin en laissant cet épisode malheureux derrière vous et vous poser les questions suivantes : « et maintenant, je fais quoi ? de quoi ai-je envie ? » Parfois, un licenciement, quand on regarde derrière soi quelque temps après, est l'opportunité d'aller vers une vie professionnelle qui nous convient mieux.

### L'âne et le puits

Un jour, l'âne d'un fermier est tombé dans un puits. L'animal gémissait pitoyablement pendant des heures, et le fermier se demandait quoi faire. Finalement, il a décidé que l'animal était vieux et le puits devant disparaître de toute façon, ce n'était pas rentable pour lui de récupérer l'âne.

Il a invité tous ses voisins à venir l'aider. Ils ont tous saisi une pelle et ont commencé à enterrer l'âne dans le puits. Au début, l'âne a réalisé ce qui se produisait et s'est mis à crier terriblement. Puis à la stupéfaction de chacun, il s'est tu. Quelques pelletées plus tard, le fermier a finalement regardé dans le fond du puits et a été étonné de ce qu'il a vu.

Avec chaque pelletée de terre qui tombait sur lui, l'âne faisait quelque chose de stupéfiant. Il se secouait pour enlever la terre de son dos et montait sur le tas de terre. Pendant que les voisins du fermier continuaient à pelleter sur l'animal, il se secouait et montait dessus. Bientôt, chacun a été stupéfié que l'âne soit hors du puits et se mit à trotter !

Lorsque vous poursuivez un objectif, vos résistances du passé et celles de votre entourage vont essayer de vous engloutir de toutes sortes d'ordures. Le truc pour se sortir du trou est de vous secouer pour avancer. Chacun de vos ennuis est une pierre qui permet de progresser. Il ne faut jamais abandonner ! Secouez-vous et foncez !

À tout moment, nous avons le choix de vivre notre vie comme on le souhaite, quoi qu'il arrive. Douleurs, échecs, galères, difficultés... On peut choisir de se considérer comme une victime impuissante, ou d'être acteur de son bonheur. On peut choisir d'être accablé ou bien de saisir ce qui nous arrive pour nourrir quelque chose d'important pour nous. Nous

© Groupe Eyrolles

avons le choix et le pouvoir d'aller chercher la grâce au milieu de notre malheur. De ne plus résister à ce qui nous arrive et de s'ouvrir aux possibilités que nous offre cette nouvelle réalité. Aussi imprévue soit-elle, aussi « négative » soit-elle, toute situation nous offre la possibilité de vivre quelque chose de riche… si on le choisit. Pour vous aider sur ce sujet, retrouvez l'outil de la page blanche, chapitre 6.

## Le changement commence par moi

Le changement commence par moi. Le changement commence par vous, le changement commence par nous. La vérité est que si nous attendons que les autres changent ou agissent pour que la situation change, alors nous risquons de subir les choses encore longtemps. Nous ne pouvons pas forcer les autres à changer, mais en revanche nous pouvons les inspirer en incarnant le changement.

> ### La légende du colibri[3]
>
> Un jour, dit la légende, il y eut un immense incendie de forêt. Tous les animaux terrifiés, atterrés, observaient impuissants le désastre. Seul le petit colibri s'activait, allant chercher quelques gouttes avec son bec pour les jeter sur le feu. Après un moment, le tatou, agacé par cette agitation dérisoire, lui dit : « Colibri ! Tu n'es pas fou ? Ce n'est pas avec ces gouttes d'eau que tu vas éteindre le feu ! » Et le colibri lui répondit : « Je le sais, mais je fais ma part. »

Chacun d'entre vous qui lisez ce livre, quelle que soit votre position dans la hiérarchie, quelle que soit votre ancienneté ou votre expérience dans le métier, vous avez le pouvoir de contribuer au changement de votre culture d'entreprise et de la manière dont vous vivez votre quotidien au boulot. Vous pouvez être le changement que vous voulez voir. Vous pouvez prendre la responsabilité de changer ce que vous pouvez changer pour faire bouger les choses.

---

3. Cette légende a été reprise par le mouvement de Pierre Rabhi, www.colibris-lemouvement.org

© Groupe Eyrolles

À chaque fois que vous sentez de la râlerie dans l'air, chez vous ou autour de vous, seul ou avec les autres, essayez d'avoir cette pensée systématique : « ok, ça me/nous fait râler, mais je fais quoi pour que ça change ? On fait quoi pour que ça change ? » et retroussez-vous les manches ! Faut-il changer votre attitude, faut-il changer vos actions, faut-il changer votre communication ?



## Arrêter de râler est un acte de rébellion

La norme est rassurante, on sait à quoi s'attendre quand on râle : nous trouverons toujours un interlocuteur qui sera plein de compassion avec nous, ou bien encore il alimentera nos propos et sera solidaire de notre souffrance. De plus, une conversation composée de râleries reste en surface : elle permet de ne pas se dévoiler et ne menace pas les autres, car nous ne les invitons pas à mener la conversation à un niveau plus profond ou plus élevé. Nous restons en surface à converser sur des choses négatives, sans prendre de risques.

Parfois, dans nos petites conversations quotidiennes, on râle parce qu'on croit que si l'on parle de ce qui va bien pour nous les autres vont nous regarder bizarrement, nous juger ou nous envier. Alors, on choisit de focaliser notre attention sur ce qui est difficile, sur ce qui ne marche pas. Au bout du compte, nous créons tous des « festins » de râleries. Nous concentrons notre attention sur nos problèmes et, ce faisant, nous attirons encore plus de choses dont nous ne voulons pas dans notre vie.

Arrêter de râler est un acte de rébellion car au lieu d'exprimer ce que nous ne voulons pas ou ce que nous n'avons pas, nous allons apprendre à exprimer ce que nous voulons et ce que nous avons déjà. Au lieu d'accuser l'autre d'être la source du problème, nous allons apprendre à prendre nos responsabilités et proposer des solutions, et nous allons inciter les autres à rejoindre notre vision. Arrêter de râler est un acte de rébellion car nous allons prendre nos distances par rapport à la conversation ambiante morose et faire le choix de parler différemment. Nous allons refuser de prendre part à ces conversations qui ne mènent nulle part, et nous allons au contraire orienter le débat vers des sujets plus riches et porteurs : des solutions pour répondre à nos besoins, ou de la gratitude pour célébrer ce qui va bien.

© Groupe Eyrolles

Nous allons oser une nouvelle langue, nous allons oser nous positionner autrement face aux frustrations ordinaires du quotidien. Nous allons prendre conscience du poids de nos mots sur notre vie et oser nous démarquer en n'allant pas dans le sens habituel des conversations. Nous allons devoir oser être différent. Et parfois, ce sera inconfortable. Parfois, nous aurons peur que les autres ne comprennent pas pourquoi nous ne réagissons pas comme tout le monde. Parfois nous aurons peur d'être exclus car nous serons peut-être hors norme par rapport aux conversations des collègues.

## Créer un espace non râleur[4]

Celles et ceux qui choisissent de se lancer dans le challenge J'arrête de râler nous disent souvent souffrir des râleries ambiantes qui viennent les contaminer et saboter leurs belles intentions. Il peut alors être utile de créer un espace non râleur au boulot (mais aussi à la maison !).

Définissez un espace qui sera préservé de toute râlerie. Cet espace peut être déterminé par le périmètre de votre poste de travail (sur lequel vous avez 100 % d'influence) mais il peut aussi s'élargir à un lieu partagé tel que la salle de pause (il vous faudra pour cela obtenir l'accord de vos collègues avant d'instaurer ce périmètre). Chez vous, cela pourra être votre chambre mais pourquoi pas la cuisine ou le salon.

Arrêter de râler est un choix de vie, un choix de posture dans lequel nous nous sentirons peut-être parfois seuls… Nous pourrons alors nous inspirer de ceux qui ont été ou qui sont avec nous sur le même chemin de vie. Ceux qui avant nous ou avec nous préfèrent parler de ce qu'ils veulent pour demain plutôt que de passer leur vie à râler sur ce qui ne leur convient pas.

---

4. Afin de définir cet espace, vous pouvez aller sur le site www.jarretederaler.com et télécharger gratuitement le kit « J'arrête de râler ».

© Groupe Eyrolles

**Quelques exemples**

Martin Luther King n'a pas cherché à soulever les foules en accusant et en disant : « C'est abominable et injuste, nous devons combattre ceux qui nous martyrisent. » Bien au contraire, il a fait le choix de partager son rêve d'un jour et nous nous souvenons tous du fameux discours « *I have a dream* ». Son message a changé le monde. En partageant son rêve, il nous a fait prendre conscience qu'il était possible de créer un monde meilleur. Il a réussi à entraîner des milliers de personnes dans son mouvement et à changer les choses.

De la même manière, dans le film *Demain* qui parle de la dégradation de notre écologie et qui a reçu le César du meilleur documentaire en 2016, Cyril Dion et Mélanie Laurent, plutôt que d'attiser nos peurs et nos rancœurs en nous décrivant une image déplorable de l'état de notre planète, plutôt que de pointer du doigt les coupables et de les mettre sur le banc des accusés, ont fait le choix puissant et profondément inspirant de nous montrer des solutions ! Ils ont choisi de mettre en lumière les initiatives qui fonctionnent et qui sont pleines d'espoir pour notre avenir. Ainsi, ils nous inspirent à poser concrètement des actions pour bâtir ensemble un avenir respectueux de nos richesses et de nos diversités.

Mère Teresa nous a elle aussi montré que l'on pouvait positiver plutôt que râler le jour où elle a refusé une invitation pour une marche *contre* la guerre. Elle avait en revanche répondu qu'elle participerait volontiers à une marche *pour* la paix.

Voilà les 4 clés essentielles pour réussir ce challenge que nous voulions vous partager : faites-vous du bien, chaque jour ; lâchez prise et faites confiance à ce que la vie vous apporte ; regardez votre travail sous un jour nouveau, trouvez quel sens vous souhaitez y mettre ; et adoptez une autre posture que celle de victime, une posture où vous avez du choix et la possibilité d'agir.

Dans la partie qui suit, nous aimerions justement aller plus loin avec vous dans cette possibilité d'agir, au quotidien. Maintenant que nous avons abandonné nos jérémiades, utilisons toute l'énergie dégagée pour passer à l'action, devenir acteurs de solutions et insuffler une toute autre énergie à notre journée de travail.

© Groupe Eyrolles

AcTeURs
de
SoLuTiONs

# TROISIÈME PARTIE

# Je vais plus loin

J'ARRÊTE
DE RÂLER
AU BOULOT !

# CHAPITRE 9
# Je passe à l'action

Si vous voulez que quelque chose change dans votre vie… il est nécessaire de changer quelque chose ! Cette phrase vous paraît stupide ? Et pourtant… combien de fois aimerions-nous tant que « quelque chose » change… mais la seule chose que nous faisons, c'est râler. Un peu comme les spectateurs dans les gradins du stade qui jugent les joueurs mais qui personnellement ne s'impliquent en rien dans leurs actions pour faire évoluer le jeu et impacter le score final ! Arrêter de râler veut aussi dire passer à l'action pour changer ce qui ne nous convient pas. C'est prendre nos responsabilités pour faire ce qui est en *notre* pouvoir pour améliorer la situation. C'est avoir l'audace et le courage d'aller puiser dans nos ressources et tenter de nouvelles choses si ce que nous avons fait jusque-là ne marche pas. Évidemment, nous ne pouvons pas toujours agir sur tout. Même si nous sommes capables de beaucoup, il faut toutefois choisir ses batailles car la vie est aussi faite pour se détendre et vouloir tout remettre en question serait épuisant !

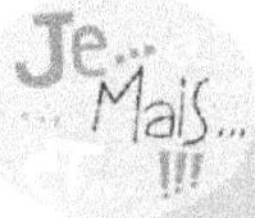

« Avec le challenge, j'ai décidé de prendre les choses en main. J'ai pris un risque, mais c'est moi qui ai agi. Peu importe l'échec ou le succès, j'ai tenté et j'ai gagné en confiance en moi. »

Nangla



© Groupe Eyrolles

## Repérer mes zones d'influence

Ce challenge nous apprend à être conscient de notre potentiel d'influence en fonction des situations dans lesquelles nous nous retrouvons. Nous pouvons ainsi mieux savoir si nous mettons notre énergie et notre attention au bon endroit, ou si nous sommes en train de nous épuiser en adoptant une posture qui, quoi qu'il arrive, ne pourra pas permettre de changement.

Quand nous rencontrons une situation qui ne nous convient pas (une situation qui a tendance à nous faire sérieusement râler !) nous pouvons chercher à identifier notre pouvoir d'action. Sur le schéma ci-dessous, ce pouvoir d'action est représenté par des zones concentriques qui nous entourent, qui sont nos zones d'influence[1].

- **Le premier cercle**, celui du centre, est notre première zone d'influence. Dans cette zone, nous avons tout pouvoir ! Nous sommes les seuls à décider. Par exemple, au travail, ce sera la manière dont nous souhaitons organiser notre bureau, notre travail, pour certains ce sera le fait d'arriver tôt, ou de partir tôt. C'est la manière dont nous décidons de réaliser nos tâches, mais aussi ce que nous avons envie de nourrir dans nos relations avec nos collègues (voulons-nous nourrir nos rapports autour de nos râleries ou au contraire apporter du positif dans nos conversations ?) C'est également dans cette zone que se trouve

______

1. Le concept de zones d'influence a été élaboré par Arnaud Sebal, fondateur et directeur de l'école humaniste de Gestalt : www.gestalt.fr

© Groupe Eyrolles

votre « stressabilité », votre capacité de résistance au stress, que vous pouvez améliorer… alors que vous ne pourrez pas toujours agir sur les situations stressantes. Cette zone de liberté est différente pour chacun, mais nous avons tous une zone d'action qui nous appartient à 100 %. *Notre capacité à activer cette zone d'influence dépend de notre capacité à choisir la réalité que nous voulons créer et à poser des actes pour rendre notre vision possible.* Si j'en ai marre de ne pas retrouver mes affaires, je peux prendre le temps d'organiser mon bureau. Si j'ai du mal à gérer toutes mes tâches, je peux demander autour du moi s'il y a un logiciel ou une application qui pourrait m'aider. Si j'en ai marre de m'énerver dans les transports, je peux télécharger des émissions (ou des livres audio) qui m'intéressent à écouter pendant le trajet. Si je suis fatigué je peux me coucher plus tôt. Si je me sens stressé, je peux choisir d'aller marcher seul pendant l'heure du déjeuner ou de méditer plutôt que de rejoindre mon groupe habituel à la cafétéria, et aussi de travailler ma résistance au stress (voir le chapitre 5). Pour réussir le challenge de ne pas râler pendant 21 jours consécutifs, je peux (pour que ce soit plus facile ensuite) commencer par prendre en main l'une après l'autre (et en choisissant mes batailles) les situations qui me font râler *et sur lesquelles j'ai tout pouvoir* pour apporter du changement.

## Repérez votre râlerie réflexe

Bien souvent, on râle par pure habitude et on ne s'en rend même plus compte. Dès que nous arrivons le matin, nous râlons systématiquement sur les transports, ou bien nous râlons chaque jour sur nos mails, la lenteur de notre ordinateur ou l'incompétence de notre collègue ou patron. Parfois, nos râleries sont plus de l'ordre d'un réflexe, quelque chose que nous répétons comme un disque rayé. Si vous avez vraiment envie d'arrêter de râler au boulot mais que cela vous semble pour le moment insurmontable, procédez par étapes : commencez par identifier votre râlerie réflexe, celle que vous répétez tous les jours et qui revient à tous les coups. Dans un premier temps, concentrez-vous à la supprimer avant de passer à une autre râlerie.

. . . . . . . . . . . . . . . . . . . . . . . . . . . . . . . . . . . . . . . . . . . .

. . . . . . . . . . . . . . . . . . . . . . . . . . . . . . . . . . . . . . . . . . . .

© Groupe Eyrolles

- **Le deuxième cercle** est la zone d'influence partagée avec notre entourage : nous pouvons agir, changer des choses, mais pour générer du vrai changement nous aurons besoin de l'implication des autres, ou de trouver un accord avec eux. Cela passe par des choses simples comme la température dans un bureau partagé, jusqu'à notre progression professionnelle, en passant par nos relations avec nos collègues, nos missions et la façon dont l'entreprise nous demande de les réaliser. C'est une zone passionnante, car nous pouvons y progresser sans cesse, en développant d'une part notre capacité à déterminer ce que nous voulons, et d'autre part notre capacité d'expression et d'influence pour faire avancer les choses dans le sens qui nous convient. C'est une zone de négociation et d'ajustement, dont la réussite dépendra de la justesse de notre posture et de la qualité de notre communication (voir chapitre 10).

- **Le troisième cercle** est celui sur lequel nous n'avons pas de possibilité d'action, ou alors de manière extrêmement limitée : ce sont les règles du monde, le Code du travail, le lieu géographique de notre entreprise, la « crise » française, la météo… toutes ces causes générales pour lesquelles nous pouvons bien sûr décider de nous engager, mais pour un résultat immédiat et individuel limité. Je peux m'engager dans des causes humaines, militer pour faire changer quelque chose au niveau général : de nombreuses associations nous proposent de les rejoindre pour faire reculer la pauvreté, les injustices humaines ou les guerres… ou pour mettre à l'honneur le bonheur au travail (par exemple avec la Fabrique Spinoza). Ces engagements sont nécessaires et peuvent vraiment changer le monde, mais il faut accepter que nos petites actions s'inscrivent alors dans la durée, et nécessitent une forte mobilisation pour arriver à un résultat.

## Les grandes raisons qui m'empêchent d'agir

Soyons honnêtes avec nous-mêmes, ce qui nous empêche souvent d'agir pour changer les choses est en premier notre flemme. Nous restons en mode victime car nous sommes déjà très occupés, et nous pensons qu'activer le changement va nous prendre du temps que nous n'avons pas. Et puis cela risque d'être compliqué, et en plus, nous n'avons aucune certitude que nous allons y arriver ! Parfois aussi, nous questionnons notre légitimité, nous nous disons « qui suis-je pour oser essayer de faire changer les choses, qui suis-je pour oser parler, pour exprimer mes besoins,



© Groupe Eyrolles

J'ARRÊTE
DE RÂLER
AU BOULOT !

pour présenter ce que j'aimerais voir autrement ? Il y a d'autres personnes qui sont payées dans l'entreprise pour avoir des idées ». Nous préférons ne pas faire de vagues pour ne pas déranger. C'est à vous de voir : si vous pouvez vraiment *complètement* lâcher prise et ne pas laisser ces situations irritantes faire de l'ombre sur votre vie alors pourquoi pas… mais si finalement ces choses sont vraiment importantes à vos yeux, alors ne pensez-vous pas que cela pourrait valoir le coup d'oser passer à l'action pour tenter de générer du changement ? Et qui sait, sur ce chemin vous allez vous découvrir des talents cachés, peut-être même que votre volonté d'être acteur de changement pourra aider l'entreprise à grandir, à évoluer, à innover. Peut-être que vous surprendrez votre entourage, Micheline ou votre boss, qui s'interrogeront sur leur propre inertie. En tout cas vous serez pleinement vivant, et vous aurez la profonde satisfaction d'être entrepreneur de votre vie avec toutes vos imperfections.

*Et si notre zone de confort était en fait notre zone de médiocrité ?* Et si cette posture de victime était notre meilleure excuse pour ne pas évoluer, pour ne pas nous remettre en question et nous dépasser ? Que devons-nous lâcher de confortable pour passer à l'action ? À chaque défi que nous rencontrons, nous pouvons nous demander « qui ai-je envie d'être face à cette situation, *ai-je envie d'être victime du problème ou ai-je envie de faire partie de la solution ?* »

Nous sommes bien conscients que nos actions seront souvent imparfaites. Parfois, nous ne savons pas vraiment comment faire pour changer les choses. Nous pensons parfois que ne rien faire est moins risqué, mais en fait, c'est l'inverse : *nous avons moins de risque de rater notre vie, de ne pas vivre le bonheur, en passant à l'action, en essayant, en osant, qu'en faisant rien.*

Ici nous sommes invités à agir dès maintenant, avec les moyens que nous avons devant nous et avec toutes nos imperfections. Non, nous ne sommes pas toujours la personne la plus qualifiée pour agir, ou celle avec le bon statut dans l'entreprise pour faire bouger les choses, et pourtant nous avons un pouvoir d'action et d'influence que nous sous-estimons. Oui, en agissant nous ne serons jamais certains de réussir. Oui, nous commettrons des erreurs, mais ces erreurs nous feront grandir. Finalement, le seul vrai échec que nous pourrions rencontrer serait celui de ne pas participer à la vie. Tant que nous sommes sur le terrain de jeu de la vie en train d'apprendre et de progresser, nous sommes gagnants ! Vous ne pensez pas ?

© Groupe Eyrolles

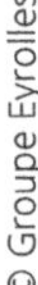

# Lâcher prise ou passer à l'action

Pour réduire nos souffrances quotidiennes, nous avons deux chemins qui s'offrent à nous : le chemin du lâcher prise et le chemin de l'action. Sur le chemin de l'action nous allons rencontrer des scénarios où nous pourrons agir seul, et d'autres où nous aurons besoin des autres pour améliorer les choses. Pour vous aider à choisir quel chemin emprunter nous voulons vous présenter un outil aussi simple que puissant que de nombreux participants au challenge ont choisi d'imprimer et d'afficher dans leur espace de travail. Quand une situation nous agace et que nous aimerions la voir changer, nous pouvons nous poser les questions suivantes afin de choisir où mettre notre attention et d'éviter de gâcher notre d'énergie !



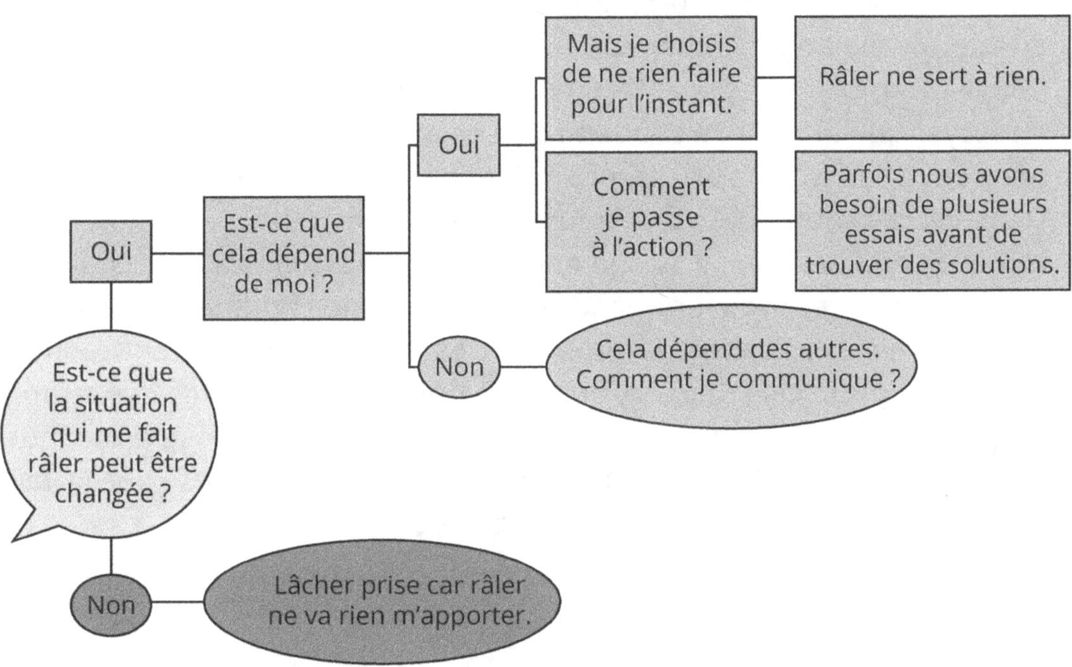


- Est-ce que la situation qui me fait râler peut être changée ? Si elle ne peut pas être changée alors franchement cela ne vaut vraiment pas le coup d'y consacrer la moindre énergie. Rien ne sert de râler, il nous faut progresser sur notre acceptation de la situation en travaillant le lâcher-prise comme nous l'avons vu précédemment.
- Si la situation peut être changée, je peux alors aller voir du côté de mes zones d'influences pour voir si le changement dépend de moi ou des autres.

© Groupe Eyrolles

- Si le changement dépend des autres, alors je vais devoir apprendre à communiquer autrement pour être entendu (voir chapitre 10).

- Si le changement dépend de moi, je peux toutefois aussi choisir de ne rien faire. Parce que je n'en ai pas l'énergie, pas l'envie, pas le temps. Peut-être que je pourrais faire quelque chose mais finalement ce n'est pas ma priorité du moment. La clé dans ce cas sera d'accepter la situation et de reconnaître que *je* fais le choix de ne pas la changer. Mais alors je prends l'engagement personnel, vis-à-vis de moi, de ne plus râler dans cette situation.

- Et puis parfois, le changement dépend de moi et je sens que c'est une vraie priorité pour moi. Il est alors de ma responsabilité d'essayer d'agir autrement pour créer du changement. Il est important alors d'accepter qu'en agissant, je vais sûrement avoir besoin de plusieurs essais. Ce que je vais faire ne marchera pas du premier coup, et dans ce cas c'est à nouveau à moi d'essayer autrement. Nous pourrions être tentés parfois d'essayer quelque chose et quand cela ne marche pas alors nous retournons en mode victime en disant « J'ai essayé mais cela n'a pas marché ». Dans ce cas, nous pouvons nous interroger et éventuellement nous remettre en question : « Suis-je encore et toujours en train de chercher à avoir raison (et prouver que je suis une victime légitime) ? Est-ce que je veux vraiment changer la situation ? Est-ce qu'honnêtement j'ai tout donné pour que cela marche, ou est-ce que j'ai mis en place des stratégies plus ou moins conscientes pour tout saboter ? Est-ce que quelque chose me fait peur dans ce changement ? Est-ce que je pense que je vais perdre quelque chose en changeant cette situation ? »

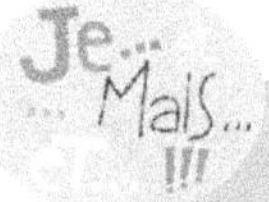


« Avec J'arrête de râler au boulot, j'ai appris à avoir le réflexe de me poser la question : est-ce que je peux influer sur cet irritant ou pas ? Et en fonction en prendre mon parti ou anticiper pour que cela ne se renouvelle plus. »

Marie

© Groupe Eyrolles

## L'expérience des gros cailloux



Un jour, un professeur en charge de former ses élèves à la gestion du temps décida de réaliser une expérience. De dessous la table qui le séparait de ses élèves, il sortit un grand vase qu'il posa délicatement en face de lui. Ensuite, il sortit plusieurs gros cailloux et les plaça délicatement, un par un, dans le grand vase. Lorsque le vase fut rempli jusqu'au bord et qu'il fut impossible d'y ajouter une pierre supplémentaire, il leva les yeux vers ses élèves et leur demanda : « Est-ce que ce vase est plein ? »

Tous répondirent : « Oui. »

Il attendit quelques secondes et ajouta : « Vraiment ? »

Alors, il se pencha de nouveau et sortit de sous la table un récipient rempli de graviers. Doucement, il versa des graviers sur les gros cailloux, puis secoua légèrement le vase. Les graviers s'infiltrèrent entre les cailloux... jusqu'au fond du vase. Le professeur leva à nouveau les yeux vers son auditoire et réitéra sa question : « Est-ce que ce vase est plein ? »

Ses élèves commençaient à comprendre son manège.

L'un d'eux répondit : « Probablement pas !

– Bien ! », répondit le professeur.

Il se pencha de nouveau et, cette fois, sortit de sous la table un sac de sable. Avec attention, il versa le sable dans le vase. Le sable alla remplir les espaces entre les gros cailloux et le gravier.

Encore une fois, il redemanda : « Est-ce que ce vase est plein ? »

Cette fois, sans hésiter et en chœur, les élèves attentifs répondirent :

« Non !

– Bien ! », répondit le professeur.

Et il prit le pichet d'eau qui était sur la table et remplit le pot jusqu'à ras bord. Le vieux professeur leva alors les yeux vers son groupe et demanda : « Quelle grande vérité nous démontre cette expérience ? »

© Groupe Eyrolles

Un élève audacieux, songeant au sujet de ce cours, répondit : « Cela démontre que même lorsque l'on croit que notre agenda est complètement rempli, si on le veut vraiment, on peut y ajouter plus de rendez-vous, plus de choses à faire.

– Non, répondit le professeur. Ce n'est pas cela. La grande vérité que nous démontre cette expérience est la suivante : si on ne met pas les gros cailloux en premier dans le pot, on ne pourra jamais les faire entrer tous, ensuite. »

Il y eut un profond silence, chacun prenant conscience de l'évidence de ses propos. Le professeur leur demanda alors : « Quels sont les gros cailloux dans votre vie ? »

## À vous d'identifier vos gros cailloux

**Étape 1.** Prenez une feuille de papier et faites deux colonnes. Dans la colonne de gauche, notez vos gros cailloux (les choses vraiment importantes dans votre vie, celles qui constituent votre bonheur) et dans celle de droite notez vos graviers et vos grains de sable (les choses que vous devez gérer mais que vous ne souhaitez pas laisser prendre toute la place dans votre vie).

Exemple :

| Mes cailloux | Le sable et les graviers |
| --- | --- |
| Prendre soin de ma relation avec mes proches (conjoint, enfants, collègues…) | Répondre à mes mails |
| Sentir que je me dépasse | Préparer les réunions mensuelles |
| Apprendre des choses nouvelles | Ranger mon bureau/la maison |
| Me sentir bien dans ma peau | Régler les factures |
| Me sentir en lien avec la nature | |
| Me sentir utile aux autres | |
| … | |

© Groupe Eyrolles

**Étape 2.** Prenez la liste de la colonne de gauche, et sous le tableau, pour chacun de vos points, pensez à une action concrète que vous pouvez prendre dans les 15 jours à venir afin que vos gros cailloux prennent de la place dans votre vie.



Par exemple :

- Pour prendre soin de ma relation avec mes proches : caler une date de déjeuner avec Jean-Luc du service client, et pique-niquer au parc vendredi soir avec conjoint et enfants pour commencer le week-end par un temps simple en famille !
- Pour sentir que je me dépasse : jeudi matin dire à mon boss que je suis en quête de challenge.
- Pour apprendre de nouvelles choses : demain réserver ma place pour la conférence du mois prochain dont Paul m'a parlé hier.
- Pour me sentir bien dans ma peau : faire une pause méditation de 5 minutes cet après-midi après le déjeuner (télécharger une appli pour m'aider).
- Pour me sentir en lien avec la nature : profiter du pique-nique de vendredi soir pour manger dans l'herbe, écouter les oiseaux, tremper les pieds dans le ruisseau, faire un câlin aux arbres !
- Pour me sentir utile aux autres : demander demain à Sandrine si elle a besoin d'aide pour préparer le pot de départ de Simon. Je pourrais proposer de m'occuper des boissons, je connais une super recette !

Prenez le temps de définir vos gros cailloux, écrivez-les au propre sur un document et affichez-les. Chaque semaine (ou tous les 15 jours), faites une liste d'actions simples mais concrètes pour mettre ces cailloux en premier dans votre agenda ! Vos gros cailloux doivent vous donner de l'envie, allumer une étincelle dans vos yeux lorsque vous y pensez. C'est important ! Si l'une de vos actions choisie génère une pensée d'effort, de « je devrais », « il faut que… », alors c'est que vous n'êtes pas sur le bon chemin. N'oubliez pas que le meilleur moteur de l'action, c'est l'envie !

**Étape 3.** Une fois votre liste d'actions pour les jours à venir définie, le plus difficile sera de ne pas les oublier. Pour cela, nous recommandons de les inscrire immédiatement dans votre agenda ou sur un tableau visible. Vous pouvez aussi créer des alertes sur votre téléphone, ou également annoncer votre intention à vos proches (ceux qui sont positifs et bienveillants de préférence !)

© Groupe Eyrolles

# Quelques outils pour bien gérer son temps et ses projets

## Créer un tableau de vision autour des objectifs de l'équipe

Cet outil est plus particulièrement destiné aux managers. Il faut prévoir au moins une demi-journée pour mettre en œuvre cet outil avec votre équipe.

Depuis longtemps, nous savons que la visualisation est une technique puissante pour la réussite. Des grands sportifs aux militaires, cette technique est utilisée pour aider chacun à se dépasser et atteindre un ou plusieurs objectifs. De la même manière qu'un athlète visualise tous les éléments d'une course parfaite (rythme, vitesse, respiration, pensées positives, émotions…), votre tableau de vision permet à votre équipe de visualiser le parcours idéal pour atteindre le ou les objectifs communs. Il vous permet de voir les choses et de ressentir les émotions auxquelles vous aspirez collectivement et ainsi rendre la mise en œuvre plus fluide et facile. Il permet de conditionner le cerveau vers le résultat à atteindre.

Faire un tableau de vision avec votre équipe n'est pas un exercice difficile mais il est toutefois important de prendre le temps de bien le faire pour créer l'expérience attendue. Ce n'est pas un exercice qui peut s'exécuter dans l'urgence ou à moitié car cela pourrait engendrer un impact négatif. Si nécessaire, l'exercice peut se dérouler sur plusieurs rencontres. Voici quelques pistes pour faciliter la réussite de ce projet.

- **Étape 1 : clarifiez vos objectifs**

Prenez le temps avec votre équipe de parler de vos objectifs et de les mettre au cœur d'une conversation riche. Parlons-nous d'objectifs à court, moyen ou long terme ? Notre objectif n'est pas uniquement un taux, un quota, un chiffre… Si on va plus loin, que représente-t-il ? Que signifie-t-il pour nous collectivement ?

Pour que votre vision soit une source de motivation profonde pour chacun, il est essentiel que l'équipe se sente concernée. Pourquoi notre objectif est important, qu'est-ce que cela veut dire pour nous de l'atteindre ? C'est l'occasion ici de donner du sens aux chiffres.

L'équipe peut réfléchir collectivement aux questions suivantes :
- Qui voulons-nous être les uns avec les autres, mais aussi pour ceux qui nous entourent (les autres départements, les fournisseurs et bien

© Groupe Eyrolles

sûr les clients) ? Pensez aux caractéristiques et aux valeurs que vous voulez véhiculer et incarner collectivement. Voulons-nous être connus pour être une équipe respectueuse, une équipe généreuse, une équipe surprenante, une équipe audacieuse... que mettons-nous exactement sous le ou les quelques mots que nous aurons choisis ?



- Où voulons-nous être dans 1 an/3 ans/5 ans (à vous de définir le périmètre temporel de l'exercice). C'est ici que vous réfléchissez aux objectifs de résultats. Attention, la réponse ne doit pas être uniquement chiffrée, elle doit inclure aussi le type de situation dans lesquelles l'équipe souhaite se retrouver dans le futur. Voulez-vous gagner un concours interne ou local d'innovation ? Voulez-vous que les autres viennent vous voir pour apprendre comment vous faites ? Quelles sont les aspirations des membres de l'équipe pour le futur ? Pouvez-vous trouver une aspiration commune ?
- Quelles sont les expériences que nous aspirons à vivre collectivement ? Aimerions-nous faire du sport ensemble ? Ou nous investir dans une action bénévole locale ? Aimerions-nous relever un challenge collectif ? Aimerions-nous cultiver une ambiance qui fasse que chacun ait spontanément et authentiquement envie de partager son repas et sa pause avec ses collègues ?

Pensez à inclure dans votre tableau des affirmations, des phrases fortes et positives qui porteront le groupe et nourriront l'état d'esprit auquel aspire chacun. L'idée est de créer un tableau de vision qui nourrisse l'espoir, la confiance, la fierté. Il serait dommage en effet de créer un tableau qui provoque du stress à ceux qui le regardent. Chacun doit pouvoir se dire en le regardant « Nous pouvons atteindre cet objectif et nous allons le faire. »

Si vous trouvez que cet exercice est difficile, ne vous inquiétez pas. Commencez par faire un remue-méninges collectif autour de ces questions. Éventuellement, laissez passer un peu de temps (une pause repas) et revenez sur l'exercice plus tard, quand chacun a pu se faire à l'idée des questions posées. La première fois, l'exercice peut sembler compliqué mais vous verrez que si vous prenez l'habitude le faire chaque année, il deviendra à chaque fois plus facile.

© Groupe Eyrolles

- Étape 2 : récoltez les éléments nécessaires à la création du tableau

Voici ce dont vous allez avoir besoin :

- Un grand poster blanc et de la colle (ou un tableau de liège et des punaises).
- Des ciseaux.
- Beaucoup de magazines (management, business, bien-être, nature, aventure, sport, développement personnel…). Demandez à vos collaborateurs d'en apporter. Il en faut au minimum une vingtaine pour avoir du choix. On en a rarement trop.
- Éventuellement une imprimante dans la salle pour imprimer directement des images trouvées sur Internet.
- Avec un téléphone ou un appareil photo digital, prenez des photos des membres de votre équipe que vous ajouterez dans votre création pour qu'ils se sentent impliqués en voyant le tableau de vision.
- Logos de l'entreprise.
- Des feutres.

Une fois le matériel réuni, les membres de l'équipe vont aller chercher des images qui illustrent le ou les objectifs de l'équipe (issu du travail de l'étape 1). Attention de ne pas vous disperser. Restez concentrés à illustrer ce dont vous êtes convenus ensemble. Il est important de trouver une image pour illustrer chacun des points et que tout le monde contribue à cette étape. Si vous ne trouvez pas d'image dans les magazines, vous pourrez aller chercher sur Internet ou bien dessiner directement sur le tableau une représentation visuelle de l'élément désiré. Récoltez toutes les images et idées des collaborateurs et ensuite, décidez collectivement quelles sont les images qui parlent le plus à tous. Pour avoir le plus d'impact, les images doivent évoquer quelque chose pour l'ensemble du groupe.

- Étape 3 : organisez votre tableau, collez, fixez votre vision !

Réfléchissez collectivement à la façon dont vous voulez organiser votre tableau.

- Voulez-vous aligner de gauche à droite les étapes à franchir avec l'objectif ultime sur la droite ?
- Ou bien vous pouvez choisir une représentation circulaire avec le grand objectif et sa célébration au centre et le travail collaboratif et les objectifs intermédiaires ou complémentaires en rond à l'extérieur.

© Groupe Eyrolles

- Ou encore, s'il y a une image et/ou une phrase qui parle tout particuliè-rement au groupe et qui selon vous est la clé de votre tableau de vision, alors vous la placerez au centre et vous pourrez organiser les autres éléments autour.

Je vais plus loin

Commencez à arranger les images sur le tableau (sans les fixer dans un premier temps).

Vous pouvez superposer des images ou combiner des dessins ou écriture au feutre avec les images de votre choix.

Pensez à inclure des chiffres qui représentent votre objectif. Les images n'ont pas besoin de représenter quelque chose de compréhensible pour l'ensemble du personnel mais elles doivent absolument être validées par les membres de l'équipe concernée. Assurez-vous que chacun se sente impliqué dans la création du tableau.

- **Étape 4 : affichez votre tableau dans un endroit de passage**

Le seul intérêt de cet exercice est de permettre aux collaborateurs de visualiser l'objectif de l'équipe. Cela n'aurait donc pas de sens de passer du temps à le créer collectivement pour ensuite le cacher au fond d'un placard. Comment pouvons-nous visualiser notre objectif si nous n'avons même pas la possibilité de voir le tableau ?

Nous vous recommandons donc d'afficher le tableau dans un endroit de trafic important. Dans l'entrée, devant la machine à café, dans la salle de pause… Mettez-le à un endroit où tout le monde peut « tomber dessus » plusieurs fois par jour et invitez les membres de votre équipe à prendre le temps de l'explorer régulièrement. Si un nouveau collaborateur venait à rejoindre l'équipe, prenez le temps de lui présenter le tableau de vision.

- **Étape 5 : observez vos avancées et célébrez vos petits pas**

Parfois, les choses n'avancent pas aussi vite qu'on le voudrait mais pour-tant elles avancent. Lors de vos réunions mensuelles, prenez le temps de faire un point sur la vision et d'observer vos avancées, si petites soient-elles. Mettez votre attention sur ce qui va dans le bon sens et acceptez que les plus grands accomplissements ne se sont jamais faits du jour au lendemain. Gardez votre focus sur le grand objectif mais ne perdez pas de vue les petits pas qui eux seuls vont vous permettre d'y arriver. Célébrez ces petits pas car ce sont eux qui sont importants.

© Groupe Eyrolles

## La technique du pomodoro[2]

*The pomodoro technique* (ou littéralement la technique de la tomate) est une technique très simple et très efficace de gestion du temps destinée à mettre fin à la procrastination et à augmenter notre efficacité et notre satisfaction dans nos projets. C'est une technique qui nous aide à rester concentrés sur une tâche à la fois afin d'éviter la dispersion et la procrastination… et de nous voir râler parce que nous n'avançons pas ! Voici les principes de cette méthode très efficace :

Un pomodoro, c'est une période de travail de 2 heures découpée en 4 sessions de travail de 25 minutes entrecoupées de deux pauses de 5 minutes, puis une de 15 minutes à la fin des 2 heures (d'où l'image de la tomate découpée en tranches)

- Chaque tâche est découpée en segment de 25 minutes. Pendant 25 minutes je me concentre à 100 % sur une tâche (pas de téléphone, pas de pause pipi, pas de pause-café, pas de mail, pas d'Internet…).
- Après chaque 25 minutes, je fais une pause de 5 minutes. J'en profite pour me lever, répondre à un mail urgent ou envoyer un sms important…
- Après 4 segments de 25 minutes + 5 minutes de pause, je peux m'accorder une pause plus longue de 15 minutes durant laquelle je bouge, je vais échanger avec un collègue, je me nourris ou je bois un verre d'eau.
- Si mon planning me le permet, je repars pour un autre pomodoro de 2 heures. Je peux aussi faire des pomodoro de 1 heure quand il ne m'est pas possible de dégager plus de temps.

## À vous de jouer !

Une bonne manière de se servir de cet outil est de commencer chaque jour par 25 minutes à traiter des tâches ingrates sur lesquelles j'ai tendance à procrastiner. Je ressens alors une satisfaction profonde, et le reste de ma journée sera beaucoup plus léger !

---

2. De nombreuses applications pour téléphone proposent de mesurer les périodes de travail et de pause.



© Groupe Eyrolles

### Le kanban

Si vous n'en pouvez plus de votre exécrable to-do list, vous allez adorer le kanban ! Le kanban, c'est comme un bureau portable qui tient compte des tâches de chaque personne dans l'équipe et qui nous rappelle à l'ordre. C'est aussi un outil que vous pouvez parfaitement utiliser seul pour gérer toutes les choses que vous voulez accomplir. C'est un excellent outil visuel qui assure aussi une meilleure communication et collaboration en temps réel et une bonne circulation sur les tâches à exécuter. Un kanban (カンバン ou 看板, terme japonais signifiant « regarder le tableau ») est une méthode qui répartit les tâches en quatre colonnes dans un tableau :



| À faire | À faire aujourd'hui | En cours | Fait |
| --- | --- | --- | --- |
|  |  |  |  |

## À vous de jouer !

- **Étape 1.** Je recherche sur Internet l'outil kanban que je souhaite utiliser. Plusieurs entreprises de logiciels en proposent, il y en a des gratuits et des payants selon les fonctionnalités. Je crée mon compte et mes tableaux. Certains tableaux sont individuels et d'autres peuvent être partagés avec d'autres personnes.
- **Étape 2.** Je crée mes tâches. Quand je suis en réunion, que je lis mes mails ou dès que je pense à une tâche que je dois accomplir, je renseigne immédiatement mon kanban en créant une tâche dans la colonne « À faire ». Cela me libère l'esprit, car je n'ai plus besoin de le garder en tête. Je peux utiliser un code couleur pour organiser les tâches par projet. Si je travaille avec une équipe sur mon tableau, je peux suivre la liste des choses que les membres de mon équipe vont entreprendre dans

© Groupe Eyrolles

les jours à venir. Je peux aussi créer des tâches et les assigner à un membre de mon équipe et vice-versa.

- **Étape 3.** Je choisis les tâches du jour. Chaque jour, je commence ma journée en faisant glisser les tâches dans la deuxième colonne « A faire aujourd'hui ». Je tiens compte du temps que je peux consacrer à ces tâches et je m'assure d'y mettre des tâches urgentes mais aussi des tâches concernant des projets de fond qui me tiennent à cœur.
- **Étape 4.** Quand une tâche est finie, je la fais glisser dans la colonne « Fait », ou si je suis en attente de quelque chose pour finir, je la fais glisser dans la colonne « En cours ».

Attention, le principe même du kanban est que les tâches circulent ! Le système nous alertera donc si certaines tâches restent coincées trop longtemps dans la colonne « En cours ». Cela veut peut-être dire que ma tâche est trop grosse et que je dois la décomposer en plusieurs petites tâches intermédiaires, et les réintégrer dans ma colonne « À faire ». Cette méthode de travail permet d'avoir toujours en visibilité les tâches en cours, et surtout de rester constamment en mouvement entre le « À faire » et le « Fait » !

### Pour les gros projets... commencer par le premier petit pas

Dans la vie, nous avons des petits projets et des gros projets. Pour les petits ou moyens projets, utilisez le pomodoro, le kanban... (voir ci-dessus). Les gros projets (déménager, changer de travail) sont des projets de vie que bien souvent nous avons du mal à mettre en œuvre, car d'une part ils nous effraient (c'est du changement, de l'incertain), et d'autre part nous ne savons pas très bien par quel bout les prendre. Cela nous paraît tellement énorme, c'est comme une montagne devant nous, et avant même d'avancer, nous sommes tétanisés par l'ampleur de la tâche qui peut écraser notre volonté. Parfois aussi, nous sentons que nous avons envie de ce grand changement, mais sans être totalement sûr que c'est ce que nous voulons ou que cela est bien pour nous. Du coup, ce doute nous empêche d'avancer, mais aussi d'explorer ce changement.

Une technique pour avancer sur ces gros projets, c'est de réfléchir au premier petit pas, en réalisant que ce n'est pas celui-là qui nous engagera sans retour possible. Par exemple, pour une personne qui travaille dans un bureau mais qui a toujours rêvé de faire un travail manuel, c'est naturel que la perspective de tout plaquer soit un peu angoissante, et que cela

© Groupe Eyrolles

ne reste finalement qu'un rêve, car le quotidien routinier est plus confortable. Et puis cette personne peut parfois douter que faire des activités manuelles (ou musicales, artistiques, caritatives…) toute la semaine lui plaira vraiment. Il est possible d'explorer la situation, le gros changement auquel nous rêvons, sans bouleverser tout du jour au lendemain. Quel serait le premier petit pas pour aller vers ce projet ? Par exemple : regarder les formations qui existent, leur coût et leur durée. Me renseigner sur mes heures acquises de congé formation, ou voir comment je pourrais financer un congé sans solde. Regarder les petites annonces du métier dont je rêve, ou de la région que j'aimerais rejoindre.

## À vous de jouer !

Il s'agit de mettre du concret, de la réalité dans notre projet pour lui faire quitter la sphère du rêve et voir comment nous nous sentons sur le chemin de sa réalisation. Alors la prochaine fois que vous vous surprenez à rêver d'une autre vie, posez-vous cette question : quel serait le premier petit pas pour explorer ce projet ?

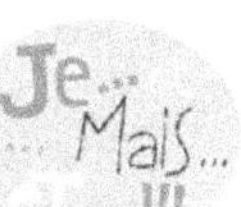

« Ce qui m'a le plus surprise dans cet atelier, c'est de découvrir que j'étais "l'actrice" de mon changement, que j'avais à mon niveau des moyens d'action afin de vivre autrement mon quotidien professionnel. »

Nadine

© Groupe Eyrolles

# CHAPITRE 10
# Je cultive la communication et la coopération

Au boulot, la réalisation de nos propres missions dépend très souvent en partie des autres (par exemple la clôture de la comptabilité n'est pas possible sans la finalisation correcte de la paye ; le commercial ne peut pas vendre sans la plaquette du marketing ; le gestionnaire ne peut pas faire un bon travail si le commercial n'a pas renseigné toutes les informations…). Les autres peuvent aussi nous aider et nous soutenir pour évoluer. Ils sont importants pour notre carrière. Parfois, nous ne disposons pas de la connaissance ou de la compétence pour mener à bien une mission, mais un collègue peut nous donner l'information. Enfin, la majeure partie des décisions doivent se prendre à plusieurs et l'avancée de certains projets dépend de la participation de multiples personnes.

Nous sommes convaincues que chaque être humain (y compris chacun de vos collègues) a en lui un profond désir de contribuer aux besoins des autres. L'altruisme est une disposition naturelle chez l'homme. Alors comment se fait-il que les autres soient aujourd'hui l'une de nos plus grosses sources de frustration ? C'est parce que nous n'arrivons à pas nous comprendre. Nous n'arrivons pas à cultiver un lien qui nous unit. Nous avons au fond de nous le désir de collaborer les uns avec les autres, mais nous vivons nos journées en mode résistance, à construire des murs pour nous protéger, alors que c'est l'opposé de ce chacun d'entre nous veut vraiment.

© Groupe Eyrolles

# Savoir dire ce qui ne nous convient pas, tout en cultivant le lien avec l'autre



Il y a un livre célèbre dans le domaine de la communication qui porte très bien son titre, *Les Mots sont des fenêtres ou bien ce sont des murs* de Marshall Rosenberg. Dans cet ouvrage, l'auteur nous explique à quel point les mots que nous utilisons pour exprimer nos besoins aux personnes qui nous entourent sont déterminants pour prédire la probabilité que nous avons d'être entendus. Je peux avoir exprimé mon besoin à mes collègues ou formulé mon problème à mon patron, mais la manière dont je l'ai fait est déterminante si je veux vraiment être entendu. Ma façon d'aller vers l'autre pour prendre soin de mes besoins peut bâtir un mur entre nous ou au contraire s'avérer une ouverture vers une solution. Toute la différence résidera dans ma posture et les mots que j'aurais utilisés.

*Arrêter de râler ne veut pas dire que nous ne pouvons plus exprimer ce qui ne nous convient pas. Cela veut dire que nous prenons la responsabilité de nous exprimer d'une manière qui augmente la probabilité que nous soyons entendus.* Arrêter de râler veut dire que nous allons apprendre à communiquer d'une manière qui va susciter la coopération de l'autre autour de notre problème. Voici quelques pistes que nous vous invitons à explorer et à tester.

> « J'ai compris à quel point il est dommage de perdre son temps, son énergie, à ne pas s'écouter, à ne pas prendre en considération nos attentes et celles des autres pour œuvrer dans la même direction. Le problème c'est qu'on n'écoute pas pour comprendre, on écoute uniquement pour répondre. »
>
> Thierry

© Groupe Eyrolles

### Remplacer nos MAIS par des ET

Plutôt que de dire « tu as bien fait cela mais… » (et ensuite enchaîner pour expliquer à l'autre ce qu'il aurait pu mieux faire), nous pouvons apprendre à dire « tu as bien fait cela et… » (et poursuivre en présentant une piste de progrès).

Prenons conscience que le « mais » annonce un jugement que nous allons exprimer, et du coup annule le commentaire positif que nous venons de faire. Le « mais » donne l'impression à notre interlocuteur que nous sommes hypocrites et que nous avons fait le compliment uniquement pour mieux faire passer la pilule du reproche que nous nous apprêtons à faire ! En employant le mot « et », nous ouvrons au contraire la porte vers des pistes de développement. Nous pouvons dire « Tu as bien fait cela et il serait intéressant la prochaine fois de… » ou bien « Je voudrais te remercier d'avoir respecté le délai sur ce dossier et te demander de revoir le tableau de la page 4 car il me semble que les chiffres de la troisième colonne sont erronés ». Essayez cette petite astuce qui fait des miracles et vous verrez que ça marche au travail, mais aussi en couple et en famille !

### Communiquer en temps réel

Arrêter de râler, nous vous l'avons déjà répété plusieurs fois dans ce livre ne veut pas dire garder pour soi et du coup ruminer dans son coin (puisqu'on n'a même plus le droit de râler !). Bien au contraire, nous vous encourageons désormais à dire les choses qui ne vous conviennent pas le plus vite possible ! Nous pouvons par exemple dire « pendant la réunion de ce matin je ne me suis pas senti entendu » ou bien « j'ai l'impression qu'il y a un malaise entre nous, est-ce que je me trompe ? » ou « je vois qu'en ce moment mon dossier X n'est pas dans tes priorités… » Nous le disons, sans accuser, sans râler mais nous le disons !

Il n'y a en effet rien de pire que de ne pas *dire* les choses. *Quand on attend trop pour s'exprimer, des malentendus et des frustrations se transforment en interprétations subjectives qui peu à peu créent un gouffre et un malaise entre les gens.* On se fait une opinion négative sur une personne dans notre propre tête et finalement, petit à petit, notre perception de la situation n'a plus rien à voir avec la réalité. On se met inconsciemment à récolter des preuves pour justifier notre propre jugement négatif envers la per-sonne en question, et de fil en aiguille, nous nous forgeons une opinion tellement solide qu'elle viendra ensuite polluer toute tentative d'échange

© Groupe Eyrolles

et de communication. Éventuellement, la situation explose et les deux parties, accusées de tous les maux, seront obligées de se défendre bec et ongles. La communication n'est malheureusement plus possible car elle arrive trop tard.



Arrêter de râler au boulot, c'est aussi déceler tous les malaises et faire un travail de déminage quand le problème est encore petit. Il est intéressant d'anticiper les situations qui pourraient devenir problématiques et de communiquer en amont. Nous pouvons dire « attention la semaine prochaine nous avons trois deadlines importantes et nous risquons de naviguer en climat tendu, je vous propose que tous les matins nous fassions un point de 10 minutes sur les avancées de chacun » ou bien « attention la semaine prochaine je pars mercredi en déplacement j'ai besoin que ce dossier soit finalisé, de quoi avez-vous besoin pour le clôturer ? »

## Appuyez sur stop et recommencez

S'il vous arrive d'entamer une conversation avec un collègue avec les plus bonnes intentions et de sentir au bout de quelques minutes que l'échange prend une tournure désagréable ou que votre interlocuteur se met sur la défensive, nous vous invitons à appuyer sur stop et à recommencer. Dites concrètement « je sens qu'une tension se crée entre nous, je voudrais faire une pause et clarifier certaines choses avant de continuer. J'ai besoin de poser clairement que dans notre échange je ne suis pas intéressé de savoir qui a tort, qui a raison. Savoir qui est coupable est le cadet de mes soucis. Tout ce que je souhaite c'est qu'ensemble nous puissions trouver une solution qui nous convienne à tous les deux. Est-ce qu'on peut partager cela avant de continuer notre échange ? »

### Dire clairement nos attentes

Combien de fois sommes-nous victimes de notre propre flou ? Nous râlons parce que les choses ne sont pas faites comme nous le voudrions, mais finalement, avons-nous vraiment pris le temps d'expliquer clairement ce que nous attendions ? Combien de fois faisons-nous des demandes qui n'en sont pas vraiment ? Nos requêtes sont floues au lieu d'être des demandes précises, avec une explication de ce qui est attendu et dans quel délai.

© Groupe Eyrolles

Trop souvent nous opérons des demandes vagues qui s'adressent à tout le monde et en même temps à personne, à coups de « *qui* peut préparer ce dossier avant la prochaine réunion ? » ou « il faudrait *qu'on* réorganise notre classement ou « avant la fin du mois *on* doit remonter le nouveau tableau de bord au siège ». *On, qui, il faudrait* : c'est facile pour chacun de ne pas se sentir vraiment concerné ou de faire l'autruche pour éviter que cela lui retombe dessus. Par exemple, au lieu de dire : « Qui peut s'occuper de ce client ? » que pensez-vous de : « Jean-Paul, je pense que tu es le mieux placé pour régler la problématique que nous rencontrons avec ce client. Peux-tu avant la fin de la semaine prendre contact avec lui par téléphone et lui expliquer avec précision pourquoi nous rencontrons actuellement un délai ? Si tu as besoin que je te briefe avant, je suis disponible demain matin à 9 h 15, qu'en penses-tu ? Comment te sens-tu à l'idée de prendre en charge ce dossier ? »

Apprenons à faire des demandes claires qui s'adressent directement à une personne ou un groupe de personnes clairement identifié, avec une description précise de ce qui est attendu dans le fond, dans la forme et dans la durée.

### Oser différer notre réponse

Nous croyons parfois que pour être un collaborateur impliqué et compétent, il faut être capable de répondre immédiatement aux demandes de notre hiérarchie ou de nos collègues. Pourtant parfois, leur demande nous met mal à l'aise (qu'elle chamboule notre emploi du temps ou qu'elle nous demande de l'énergie et du temps), et nous fait entrer dans une zone potentielle de râleries.

Prenons le cas de notre collègue qui nous demande si cela pose problème qu'il pose son vendredi la semaine prochaine pour accompagner son enfant en sortie de classe, alors que nous travaillons ensemble sur une deadline importante qui approche à grands pas. Dans notre tête peuvent alors surgir deux types de pensée :

- « Je trouve cela chouette qu'il s'investisse dans les activités scolaires et qu'il se porte volontaire pour accompagner la sortie de classe de son enfant ». Nous répondons oui, peut-être aussi pour lui faire plaisir, en nous rappelant trop tard que nous-même avons un rendez-vous client en dehors des bureaux jeudi, ce qui fait que pendant deux jours, nous ne pourrons pas avancer ensemble sur le dossier qui doit être rendu la semaine suivante.

© Groupe Eyrolles

- Ou bien au contraire : « Oh là là, non, ça tombe mal avec la grosse deadline, déjà que je serai en rendez-vous client jeudi » et nous répondons non, sans prendre le temps d'écouter combien c'est important qu'il puisse accompagner son enfant.

Dans les deux cas, il y a de la râlerie dans l'air car soit nous sommes coincés entre deux contraintes (laisser notre collègue poser sa journée et déplacer notre rendez-vous client de jeudi, ou devoir concentrer toute notre charge de travail collaboratif sur 3 jours dans la semaine), soit nous devons gérer la déception de notre collègue, sans vraiment être sûr de la décision prise trop rapidement. Alors, plutôt qu'un oui trop rapide qui nous met dans l'embarras, ou qu'un non qui engendre un malaise, nous sommes invités à oser différer notre réponse afin qu'elle soit juste pour tout le monde.

Lorsqu'un collaborateur me fait une demande qui me met sous tension (sans que je sache toujours pourquoi), je peux :
- Valider que j'ai bien entendu la demande : « Tu souhaites accompagner ton enfant en sortie de classe, et poser ton vendredi. »
- Lui dire que sa demande crée de la tension : « Je suis inquiet, cela va bousculer notre planning de travail de la semaine prochaine car j'ai déjà prévu d'être en clientèle jeudi. »
- Reconnaître que sa demande a du sens : « C'est important d'être présent dans la scolarité de son enfant. »
- L'informer que vous allez prendre le temps de réfléchir à la question : « J'ai besoin d'un peu de temps pour voir s'il y a moyen d'organiser cela et ne pas compromettre nos engagements. »

En prenant le temps de différer ma réponse, j'ai alors le choix entre :
- Répondre oui, et mon oui sera un vrai oui. Un oui que j'aurai mûrement réfléchi, pour lequel j'aurai pesé les pour et les contre. Un oui que j'aurai choisi et pour lequel je serai en mesure d'assumer les conséquences dans la bonne humeur sans râler. « J'ai réfléchi à ta demande. Je trouve que c'est vraiment chouette que tu veuilles accompagner ton enfant. J'ai décalé mon rendez-vous de jeudi pour que nous ayons le temps de travailler ensemble », ou « j'ai demandé à Sophie d'avancer sur le point 4 du dossier, comme cela nous pourrons gérer le reste entre lundi et mercredi ».

© Groupe Eyrolles

- Répondre non, qui sera, lui aussi, mûrement réfléchi et pour lequel j'aurai plus d'ancrage, plus d'assurance pour faire face à la déception possible de mon collègue. « J'ai réfléchi à ta demande. Je trouve que c'est vraiment important de s'investir dans la scolarité de nos enfants, et en même temps, je pense que ton absence sera trop compromettante par rapport à l'engagement que nous avons déjà pris sur le projet. Est-ce qu'il y aura d'autres sorties de classe que nous pourrions anticiper avec un peu plus de délais ? »

Lorsque je constate un comportement qui ne me convient pas chez mon collègue, je peux commencer par prendre une grande respiration pour me permettre de choisir la bonne voie :

- Premièrement, signifier combien je ne suis pas d'accord avec ce qui se passe : « cette situation ne me convient pas du tout »
- Puis dire à quel point cela me met hors de moi : « je ne supporte pas de voir ceci ou cela… », ou « je ne peux pas fonctionner dans cet environnement », ou encore « c'est insupportable pour moi qu'on me parle sur ce ton », etc. ;
- Pour ensuite informer que je souhaite reparler de tout cela plus tard, lorsque le calme sera revenu : « je vais aller prendre l'air et je viendrai en parler quand je serai calmé », ou « on en reparle demain car là je suis énervé et je risque de dire des choses que je ne pense pas vraiment », etc.

### Avoir le mot juste

Combien de fois se retrouve-t-on à dire « c'est toujours moi », « c'est toujours pareil », « c'est infernal », « ils sont tous incompétents », « les clients ne sont jamais contents » ? On généralise, on omet, on exagère, on amplifie et nous n'avons pas le mot juste. On accuse les transports (les bouchons ou le temps d'attente du métro) pour notre retard, alors que nous sommes partis en retard de chez nous (ou alors tellement juste qu'il aurait fallu que tous les feux soient verts pour arriver à l'heure). Le pire c'est qu'on finit par croire ce qu'on dit et cela impacte notre réalité ! Nous nous convainquons nous-mêmes que nous sommes victimes de la vie. En utilisant des mots qui ne sont pas exacts, nous tuons notre intégrité et cadenassons notre vie !

Nous n'agissons pas de la sorte consciemment, car c'est plutôt une habitude et un mode de fonctionnement qui est finalement relativement bien accepté dans la société. Ce n'est pas bien grave, se dit-on ! Il s'avère qu'en

© Groupe Eyrolles

employant des mots qui ne sont pas exacts ou justes, nous tuons peu à peu notre propre intégrité (il en est de même à chaque fois que nous ne respectons pas nos engagements envers nous-mêmes ou autrui). Cette manière d'agir fausse la relation que nous entretenons avec nous-mêmes. Sans le mot juste, nous finissons par douter de notre propre valeur et nous invitons une petite voix à s'installer dans notre tête qui nous répète inlassablement : « Il y a quelque chose qui cloche chez moi, je ne suis pas assez bien, etc. » De cette façon nous nous limitons, ainsi que notre vie entière.



Vous ne pouvez pas imaginer, sans l'avoir essayé, la source de sérénité qui peut naître du simple fait de s'appliquer à être impeccable dans notre communication. Dire les choses comme elles sont tout simplement, supprimer nos petits mensonges pour avoir le mot juste, décrire les problèmes sans exagérer[1] apporte un inestimable bienfait.

## Trouver un accord et susciter la coopération

Ce n'est pas facile d'aller vers l'autre pour lui parler d'un problème que nous rencontrons le concernant. Ce genre de conversation crée souvent des malaises et surtout de nombreuses frustrations car nous ne savons pas comment réussir à être entendu, et pour beaucoup nous avons peur du conflit. Voici quelques principes de base (inspirés de la communication non violente) pour dire ce qui ne vous convient pas sans râler !

- **Je m'adresse directement à la personne concernée.** En effet, râler ma frustration auprès d'autres collègues, ou à tue-tête, ou à personne, ou juste à moi-même, ne sert à rien, puisque la personne à laquelle elle s'adresse ne l'entend pas ! La seule chose que je fais alors, c'est de ruminer cette frustration en moi, et en plus de la partager à des personnes qui non seulement n'y peuvent rien, mais de plus n'auront pas envie de m'écouter.
- **Je commence par identifier clairement mon besoin**, et ce que je compte demander à l'autre car une demande qui n'est pas clairement formulée ne peut pas trouver de réponse claire. Nous vous recommandons de faire cela au préalable par écrit, en prenant le temps, en faisant plusieurs versions pour arriver à la bonne.

---

1. Pour creuser davantage sur ce sujet, nous vous conseillons le célèbre ouvrage de Don Miguel Ruiz, *Les Quatre Accords toltèques : la voie de la liberté personnelle*, Le Livre de Poche, 2016.

© Groupe Eyrolles

- **Je trouve le bon moment** : celui où je ne suis pas trop débordé ou fatigué (les émotions sont exacerbées avec le stress et la fatigue), celui où l'autre et moi-même sommes vraiment disponibles. Je peux donc m'autoriser à reporter l'échange si je sens que le moment n'est pas le bon… mais ne pas non plus trop laisser traîner ! Si je crains de ne « jamais y aller », je peux prendre rendez-vous avec l'autre, ainsi je ne pourrais pas me trouver à chaque fois de bonnes excuses pour ne pas lui parler.
- **Quand je parle à l'autre, je fais attention de ne pas l'accuser** (tu, tu, tu…), je lui parle de moi, en commençant mes phrases par *je*.
- **Quand je décris le problème que je cherche à résoudre, je le fais de manière factuelle** (un peu comme si je décrivais une photo). Je suis juste dans mes propos et je décris les faits pour ce qu'ils sont vraiment et non pas ma perception exagérée des faits teintés par mes jugements.
- **J'ose parler simplement de mes émotions**, de ce que je ressens face à la situation, et je donne à l'autre l'opportunité d'avoir de l'empathie. Ce principe nécessite que j'ose me montrer vulnérable et que je comprenne que sous cette vulnérabilité se cache une profonde opportunité de connexion avec l'autre. Quand je cherche à exprimer mon émotion face à la situation problématique, je fais attention toutefois de ne pas exagérer. Je cherche le mot le plus approprié pour la décrire. J'évite de dire « je suis blessé » lorsque je suis seulement déçu, ou « furieux » lorsque je suis seulement agacé… Voici quelques exemples d'émotion exprimée : « je me sens tenu à l'écart » ; « cela fait baisser ma motivation », « je me sens dépassé », « je suis inquiet car je ne pense pas avoir les moyens de mener tous ces dossiers à bien », « je ressens de la colère car j'ai l'impression qu'on ne se rend pas compte de ma charge de travail ».
- **Je formule une demande claire et précise** qui pourrait être, *selon moi*, une solution à mon problème : « j'ai besoin d'aide sur le point x », « j'ai besoin d'un délai supplémentaire de 3 jours… », « j'ai besoin que tu me parles en amont des sujets qui vont me concerner ».
- **Je fais attention de ne pas chercher à imposer ma demande**, mais je cherche plutôt à trouver un accord qui nous convienne à tous. Pour cela, je dois comprendre que même si ma demande est claire et importante, je suis prêt à ce qu'elle bouge pour trouver un accord. Je prends conscience que l'autre a un rôle à jouer pour trouver une solution qui puisse à tous nous convenir. Alors au lieu d'accuser l'autre d'être la source du problème, je l'invite à être source de solutions. C'est pourquoi

© Groupe Eyrolles

je permets à l'autre de donner son avis sur la situation et je prends réellement en considération son point de vue, car chaque point de vue a sa valeur. Je lui propose une solution, ou je lui demande s'il a une idée pour résoudre le problème ensemble. Quand l'autre fait partie de la solution, j'utilise la situation problématique pour créer du lien et je renforce l'estime de chacun. L'accord que nous allons trouver ne sera pas forcément ce que j'avais initialement prévu... mais il sera mieux car il marchera, et personne ne se sentira contraint. Par exemple, la compta a besoin de la copie de toutes les factures dans un délai court, mais moi cela me donne de la charge supplémentaire de leur faire une copie et de la leur apporter. En discutant avec eux, je découvre qu'ils scannent la copie que je leur donne pour l'archiver. Mais je la scanne aussi pour moi. Nous décidons ensemble que je leur enverrai le scan par mail. Nous sommes tous les deux gagnants !



- Je propose d'expérimenter l'accord trouvé et d'en reparler si nécessaire. Si la solution retenue ne marche qu'un temps limité, il redevient de ma responsabilité de retrouver un moyen de satisfaire mon besoin. Je me pose la question : qu'est-ce qui empêche l'accord d'être respecté ? Je reviens vers l'autre pour échanger à nouveau. En aucun cas je ne me pose en victime de l'autre, en aucun cas je ne le mets dans la position de coupable.

- Si parfois, malgré mes efforts, je n'arrive pas à trouver un terrain d'entente, je peux déjà poser le fait que nous sommes d'accord sur une chose : c'est que nous ne sommes pas d'accord. Et cela me permet de voir les choses plus positivement. Ensuite, il nous reste à trouver ensemble comment faire avec ce désaccord. Parfois, il faut plus de temps. Ou convaincre une troisième personne qui sera la solution !

- Quand je pratique ce genre de communication consciente et bienveillante, je dois aussi être prêt à ce que mon collègue vienne me voir avec une demande pour satisfaire un de *ses* besoins ! J'accepte alors de l'écouter, j'accueille son point de vue sans le juger et je cherche avec lui une solution.

Voici un visuel qui résume les étapes clés que nous avons évoquées. Nous vous invitons à l'imprimer et à l'afficher à un endroit où vous pourrez le voir régulièrement.

© Groupe Eyrolles

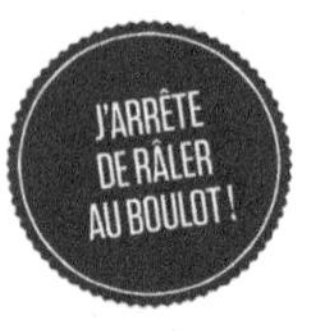

# SIX ÉTAPES POUR S'EXPRIMER SANS RÂLER

## (INSPIRÉES DE LA COMMUNICATION NON VIOLENTE)

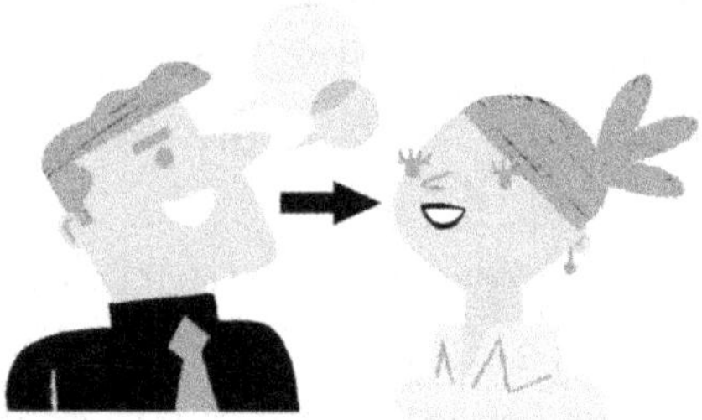

S'ADRESSER DIRECTEMENT À LA PERSONNE

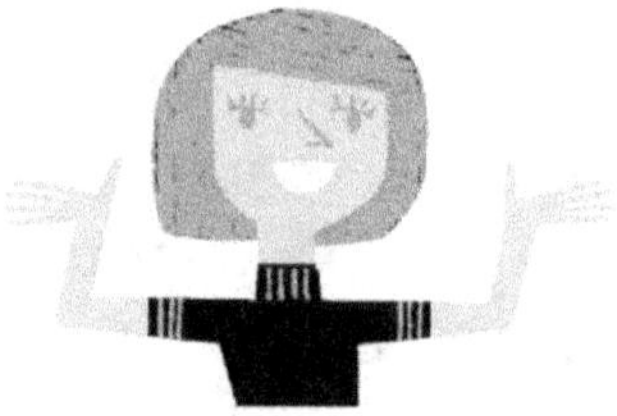

DÉCRIRE LA SITUATION SANS EXAGÉRER

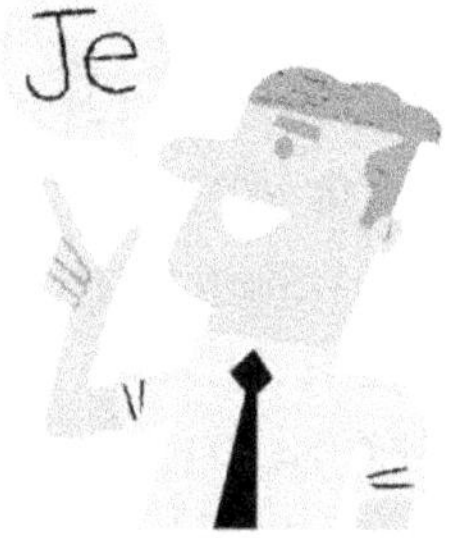


PARLER EN MODE "JE"

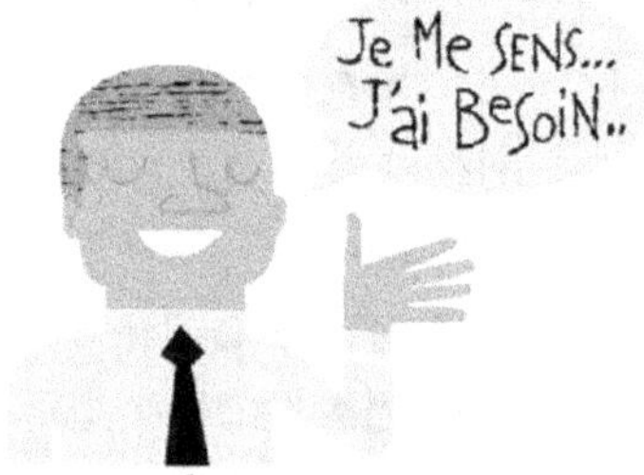


EXPRIMER SON ÉMOTION OU SON BESOIN

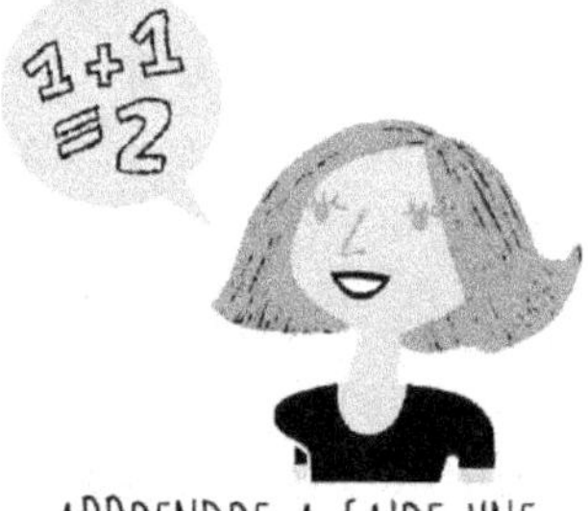


APPRENDRE À FAIRE UNE DEMANDE CLAIRE

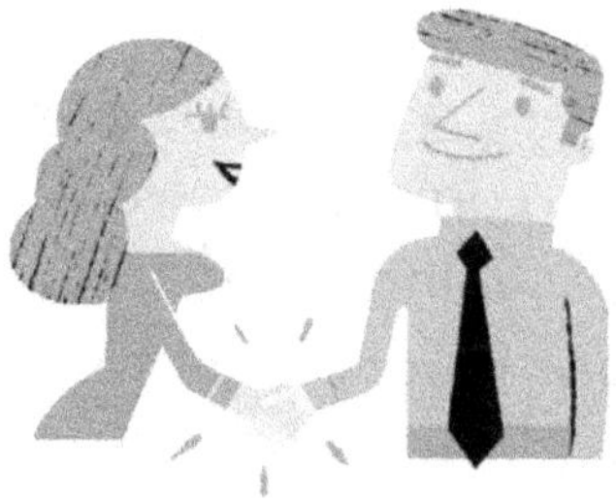

VALIDER QUE LA PERSONNE ACCEPTE OU TROUVER UN ACCORD

© Groupe Eyrolles

## Résister à l'énergie négative du collègue râleur avec la technique du miroir

Votre collègue commence à râler, vous voulez être présent pour lui mais vous ne souhaitez pas pour autant absorber cette énergie négative. Testez la technique du miroir. Elle peut être utilisée à deux niveaux :

### 1. Refléter purement au niveau de l'intention

Imaginez que vous mettez un miroir entre vous et votre collègue. Ce miroir imaginaire reflète à votre collègue ce qu'il dit et il peut ainsi, grâce à vous, entendre ses paroles et prendre conscience de l'impact de ses mots sur sa propre vie. Pas besoin de dire quoi que ce soit, l'énergie du miroir se fera sentir d'elle-même si vous ancrez l'intention de refléter à votre collègue son énergie (en toute bienveillance et sans aucun jugement).

Pour adopter cette posture du miroir au niveau de l'intention, taisez-vous, écoutez-le attentivement. Regardez-le dans les yeux, écoutez ses mots mais écoutez aussi l'émotion qu'il exprime. Soyez attentif à votre respiration : respirez profondément, connectez-vous avec votre paix intérieure, et ressentez pour lui de la bienveillance dans son agitation.

### 2. Refléter avec vos mots

Avec vos mots, vous reflétez à votre interlocuteur ce qu'il a dit pour lui montrer que vous comprenez ce qu'il exprime et surtout qu'il a été entendu.

Vous pouvez faire ce reflet de quatre manières :
• En faisant le perroquet : vous répétez simplement exactement ce qu'il vient de dire mot pour mot « tu n'en peux plus qu'on ne tienne pas compte de ton avis ».
• En paraphrasant : « je sens que tu ne te sens pas entendu, tu as l'impression de parler dans le vide et que ton avis ne compte pas ».
• En extrapolant : vous étendez ce qu'il vient de dire dans le futur « je sens que c'est le genre de situation qui ne te donne pas envie de t'investir sur le nouveau projet », « je sens que si ça continue tu vas exploser, ça ne peut plus durer il faut que ça change rapidement ».
• En créant des synergies : vous combinez des idées afin de développer une idée plus précise : « ce n'est pas la première que tu me partages ta frustration de ne pas te sentir entendu. Est-ce que tu penses que ce sont les autres qui n'écoutent pas ou toi qui n'arrives pas à exprimer tes idées pour qu'elles soient prises en considération ? As-tu envie d'en parler ? »



© Groupe Eyrolles

La technique du miroir est merveilleuse car elle permet de mettre en place une écoute active et de tisser du lien autour d'une situation difficile que vit votre interlocuteur. Elle est beaucoup plus puissante et efficace que de participer à la critique en disant « tu as raison vraiment ils ne nous écoutent jamais, pour moi c'est pareil ». Votre interlocuteur a surtout besoin de se sentir compris, et de pouvoir grâce à votre aide se connecter à ses émotions et son besoin profond.

## Utiliser le contact direct à chaque fois que c'est possible

Bien souvent, les mails sont sujets de frustrations et de malentendus. Ils sont mal reçus ou mal compris, puisque ce ne sont pas des outils de dialogue. Soit l'autre ne nous répond pas, parce que notre message est perdu parmi des centaines d'autres messages, soit notre demande, qui aurait pu être rapide à l'oral, lui demande du temps de rédaction qu'il n'a pas. Ou encore il a lu notre message mais n'a pas pu y répondre car il aimerait discuter du fond avec nous.

Nous vous invitons à faire du contact direct votre mode de communication privilégié : à chaque fois que vous vous apprêtez à rédiger un mail à quelqu'un, posez-vous ces questions : est-il vraiment utile que je lui écrive ? Puis-je le lui dire directement ? Ensuite, si vous avez la possibilité d'aller le voir physiquement, faites-le. Sinon, appelez-le.

Parler avec votre interlocuteur plutôt que lui écrire comporte plusieurs bénéfices :
- Vous lui offrez la possibilité de réagir en direct. En appliquant la communication non violente, vous êtes dans un vrai dialogue et permettez la contribution et la coopération de l'autre.
- Vous lui montrez que vous lui portez suffisamment de considération pour vous déplacer.
- Vous lui montrez que le contact direct avec lui a de l'importance pour vous.
- Vous avez, dans un temps réduit (peut-être celui qui vous aurait été nécessaire à rédiger votre mail !) une première réponse et vous allez beaucoup plus vite qu'un échange de mail qui peut s'étaler sur quelques jours.
- Vous en profitez pour prendre de ses nouvelles, créer du lien, parler d'autre chose, et peut-être obtiendrez-vous dans la conversation des informations précieuses auxquelles vous n'auriez pas pensé.
- En vous déplaçant... vous prenez soin aussi de votre santé en bougeant !

© Groupe Eyrolles

Ce n'est que si vous n'avez pas pu entrer en contact direct (et que votre demande ne peut pas attendre), que vous rédigerez un mail, ou si un écrit est vraiment nécessaire. Même dans ce cas-là, nous vous recommandons vivement de parler d'abord de votre mail à l'oral, puis de le rédiger.



« Dans l'entreprise au sein de laquelle j'ai organisé le challenge J'arrête de râler au boulot (Groupama Protection Juridique), lors d'un séminaire de managers, nous avons fait le constat que notre communication les uns avec les autres, notamment entre services, ne nous satisfaisait pas. Nous avons donc travaillé ensemble lors d'un atelier au cours duquel nous avons utilisé de nombreux outils du challenge :

- Nous avons rappelé pourquoi il est important de coopérer.
- Nous avons rappelé les bienfaits et les freins de la coopération (raisons conscientes ou inconscientes).
- Nous avons identifié tous les comportements « anti-coopération ».
- Nous avons partagé les bases de la communication non violente.
- Nous avons travaillé par groupe autour des questions suivantes : quand dois-je privilégier le mail, le téléphone, l'échange direct ? Quelles sont les bonnes pratiques pour optimiser la relation avec chacun de ces médias ?
- Nous avons ensuite, à partir de ces échanges, élaboré une charte commune à laquelle chaque manager s'est engagé, et qu'il a affichée dans son bureau.

Cette charte a contribué fortement à instaurer un climat de coopération plus bienveillant entre les différents services. Par la suite, certaines équipes ont fait un exercice similaire. »

Emmanuelle

© Groupe Eyrolles

## COMMUNAUTE DE MANAGERS GPJ
## MES ENGAGEMENTS DE COMMUNICATION

*Je privilégie l'échange direct.*

*Je communique de façon rapide et bienveillante, avec la personne concernée.*

| Je m'engage à  | Je m'engage à ne pas |
|---|---|
| **Téléphone** | |
| ▪ Utiliser le téléphone pour une information rapide. | ▪ Souffler ou râler en raccrochant. |
| ▪ Sourire et être agréable avec mon interlocuteur. | ▪ Ne pas laisser sonner mon téléphone dans le vide (je paramètre ma messagerie, j'assure un renvoi ou je rappelle systématiquement). |
| ▪ Écouter mes messages et rappeler. | |
| **Mails** | |
| ▪ Utiliser le mail pour une demande précise ou un besoin de validation. | ▪ Être directif ou autoritaire. |
| ▪ Être clair, concis et précis. | ▪ Arroser en copie. |
| ▪ Mettre un objet / titre clair à mon mail. | ▪ Utiliser la copie cachée. |
| ▪ Accuser réception d'un mail rapidement. | ▪ Faire suivre pour se débarrasser du sujet. |
| ▪ Susciter une rencontre quand l'échange par mail devient trop long ou le désaccord patent (pas plus de 3 échanges de mails). | ▪ Faire suivre sans introduire le mail. |
| ▪ Utiliser le « pour info » en précisant l'utilité. | ▪ Utiliser la fonction de demande d'accusé de réception ou de lecture. |
| | ▪ Répondre sans avoir lu l'intégralité du mail. |
| | ▪ Répondre à chaud si le message m'agace. |
| **Réunions** | |
| ▪ Être à l'heure et ponctuel. | ▪ Inviter la veille pour le lendemain sans vérifier la disponibilité au préalable. |
| ▪ Organiser une réunion pour lancer un projet ou quand le sujet concerne plus de 2 personnes. | ▪ Arriver en retard. |
| ▪ Préparer la réunion, transmettre un ODJ ou les objectifs, et le lieu de réunion. | ▪ Faire une réunion sans ordre du jour. |
| ▪ Répondre aux invitations. | ▪ Faire durer la réunion au-delà du temps prévu. |
| ▪ Lire auparavant les documents transmis. | ▪ Interrompre, bloquer sur un détail. |
| ▪ Être positif et constructif, écouter les autres. | ▪ Sortir du cadre, du sujet prévu. |
| ▪ Faire une synthèse des actions décidées. | ▪ Râler ! |
| | ▪ Me désolidariser de mon responsable / de l'entreprise devant des tiers. |

*Si je surprends un collègue « hors jeu »,*
*je lui rappelle que la tirelire est dans le bureau de Nicolas.*

© Groupe Eyrolles

# Apprendre à surveiller la malveillance déguisée

## Passer les potins à la passoire

Quand nous nous racontons les derniers potins dans les couloirs, à table ou autour de la machine à café, sommes-nous en train de râler ? Voilà une très bonne question qui nous est souvent posée et à laquelle nous souhaitons apporter une réponse. Le dictionnaire Larousse définit le potin comme « *un commérage rapporté de bouche en bouche* ». Évidemment, quand entre collègues, nous partageons une bonne ou une mauvaise nouvelle concernant une tierce personne qui est absente, et que nous restons au niveau de l'information, nous ne faisons rien de malveillant. Bien au contraire, nous prenons des nouvelles, nous restons en contact, nous cherchons à tisser des liens. En revanche, le potin sur une tierce personne absente, que nous jugeons négativement (par un commérage, un ragot, un cancan), dont nous nous moquons et à qui nous portons atteinte, pose question.

Les potins sont malheureusement trop courants en entreprise. Nous nous laissons souvent aller à cette pratique, non pas méchamment mais parce que cela entretient la conversation à deux niveaux :
- cela nous valorise ;
- cela nous permet de partager avec les personnes présentes.

Rappelons que dans le challenge J'arrête de râler au boulot, nous essayons d'avoir une conversation avec les personnes concernées par nos problèmes, et si nous parlons avec quelqu'un qui n'a rien à voir avec le problème, ce doit être dans une démarche constructive, pour partager nos émotions, notre difficulté, pour faire appel au bon sens de l'autre et chercher une solution qui nous apaise. Cette réflexion nous rappelle un texte de Georges Lesage, intitulé *Les Trois Passoires de Socrate*[2].

© Groupe Eyrolles

Je vais plus loin

---

2. Raconté par George Lesage (George Ghanotakis) dans *La Caverne et l'Ange gardien*, Éditions Porte-Bonheur (CRAM – Institut Philos), 2004, p. 32 à 34.

### Les trois passoires de Socrate

Socrate avait, dans la Grèce antique, une haute opinion de la sagesse. Quelqu'un vient un jour trouver le grand philosophe et lui dit :

« Sais-tu ce que je viens d'apprendre sur ton ami ?

– Un instant, répondit Socrate. Avant que tu me racontes, j'aimerais te faire passer un test, celui des trois passoires.

– Les trois passoires ?

– Mais oui, reprit Socrate. Avant de raconter toutes sortes de choses sur les autres, il est bon de prendre le temps de filtrer ce que l'on aimerait dire. C'est ce que j'appelle le test des trois passoires. La première passoire est celle de la vérité. As-tu vérifié si ce que tu veux me dire est vrai ?

– Non, j'en ai simplement entendu parler…

– Très bien, tu ne sais donc pas si c'est la vérité. Essayons de filtrer autrement en utilisant une deuxième passoire, celle de la bonté. Ce que tu veux m'apprendre sur mon ami, est-ce quelque chose de bon ?

– Ah non ! Au contraire.

– Donc, continua Socrate, tu veux me raconter de mauvaises choses sur lui et tu n'es même pas certain qu'elles soient vraies. Tu peux peut-être encore passer le test, car il reste une passoire, celle de l'utilité. Est-il utile que tu m'apprennes ce que mon ami aurait fait ?

– Non, pas vraiment.

– Alors, conclut Socrate, si ce que tu as à me raconter n'est ni vrai, ni bien, ni utile, pourquoi vouloir me le dire ? »

Quand vous exprimez des paroles méchantes, vous faites vivre cette méchanceté en vous, et nous savons que vous la ressentez. Personne ne se sent vraiment bien en étant méchant, ou médisant. En revanche, lorsque vous dites des paroles positives, cela vous fait du bien aussi, à vous.



© Groupe Eyrolles

### Décoller les étiquettes

Nous avons souvent tendance à amplifier ce qui n'est pas fait. Nous allons exagérer et généraliser un comportement en assignant des étiquettes à chacun. Nous allons dire « Sophie est toujours en retard » « Paul est désorganisé », « Julie est une pipelette », « Bastien n'est jamais là », « Estelle est maniaque », « Damien râle tout le temps ».

En étiquetant ainsi les collaborateurs, nous transformons un de leur comportement (temporaire) en un trait de caractère (permanent) et il devient de plus en plus difficile de créer du changement. La personne concernée finit par s'identifier avec l'étiquette qu'on lui donne, et par aligner ses comportements pour y correspondre. Plus nous étiquetons une personne, plus elle va finir par croire que c'est vraiment ce qu'elle est et qu'elle ne peut rien y faire. Elle va avoir tendance à baisser les bras et à se dire que cela ne sert donc à rien de montrer qui elle est réellement, ou d'essayer d'évoluer.

En encourageant les comportements que nous apprécions, nous donnons une chance à l'autre de choisir une étiquette dont il peut être fier et qu'il peut avoir envie de nourrir. « Sophie sait jongler avec plusieurs priorités », « Paul est créatif et nous apporte souvent de belles idées », « Julie est excellente pour faire du réseau et mettre en avant nos projets », « Bastien travaille super bien seul et quand on le laisse en indépendance sur son projet », « Estelle a un sens du détail qui compense notre tendance à la désorganisation », « Au moins avec Damien les choses sont dites clairement ».

## Créer des espaces de discussion

La remise au goût du jour des espaces de discussion dans les entreprises françaises permet de discuter sur le travail, au travail, et c'est là qu'est la véritable coopération : pas dans le fait d'obéir aux procédures et d'être d'accord avec son boss ! La coopération n'est saine et efficace que si elle permet la confrontation des idées, pour construire ensemble le « travail bien fait », en « fabriquant des compromis[3] ». Les espaces de discussion



---

3. Cf. Mathieu Detchessahar, professeur des universités qui a beaucoup réfléchi et communiqué sur ce sujet : https://www.youtube.com/watch?v=LFpgCT5OfuQ.

© Groupe Eyrolles

sont tous les moments où nous discutons du travail. Ils peuvent revêtir de multiples formes : avec ou sans la hiérarchie, sous format court et régulier ou plus long mais ponctuel. Les thématiques peuvent être très diverses tant qu'elles parlent du travail : les procédures, la qualité, les relations…

**Un espace de discussion**[4]

| C'est… | Ce n'est pas… |
|---|---|
| • Un espace où l'on peut mettre des mots sur son vécu au travail.<br>• Un espace de partage d'expériences de travail.<br>• Un espace où l'on parle de situations concrètes.<br>• Un espace qui facilite une identification et une analyse collectives des difficultés dans le travail.<br>• Un moment où « ça remonte ».<br>• Un espace où l'on fait des propositions d'améliorations collectives.<br>• Un espace qui permet d'aboutir à la production de solutions collectives.<br>• Un espace qui facilite le travail d'explicitation des différentes consignes (manageurs).<br>• Un espace de liberté encadrée.<br>• Un lieu d'aménagement de la charge de travail. | • Un recueil de plaintes.<br>• Un espace de négociation, de revendication, de diatribe.<br>• Le lieu d'une parole descendante.<br>• Un café du commerce.<br>• Un espace sans outillage : ni cadre, ni règles.<br>• Uniquement un lieu d'expression ou de parole.<br>• Un lieu de règlement de comptes.<br>• Un espace de conflits interpersonnels.<br>• Un lieu d'échanges sur les personnes.<br>• Un lieu où l'on parle uniquement de la prescription (répartition, charge de travail).<br>• Un entretien collectif au service d'une intervention.<br>• Un espace de représentation du personnel. |

Ces espaces donnent la possibilité à tout un chacun de s'exprimer sur son travail, et ce faisant, de redevenir acteur en pouvant donner son avis. Nous pensons que quelle que soit votre position dans l'entreprise, vous pouvez proposer à votre hiérarchie de mettre en place ce type d'espace. À vous de définir le sujet et les règles. De très nombreuses entreprises en France les utilisent déjà. N'oubliez pas en participant à ces ateliers de pratiquer les 6 étapes pour s'exprimer sans râler.

---

4. Source : Guide Anact, *10 questions sur les espaces de discussion*, éditions Anact, 2015. www.anact.fr/10-questions-sur-les-espaces-de-discussion

© Groupe Eyrolles

## Se donner toujours une chance supplémentaire pour mieux faire

Je vais plus loin

Vous avez râlé sur votre collègue et vous auriez aimé pouvoir réagir autrement ? Nous vous proposons ici d'oser retourner le voir pour rétablir le lien. Quelques minutes plus tard ou le lendemain vous pouvez aller lui dire « je suis désolé pour hier, j'étais agacé et je me suis senti agressif envers toi. En fait après avoir pris du recul, je me rends compte que je n'ai pas réussi à te dire ce que je voulais vraiment te dire. J'aimerais avoir une deuxième chance. Es-tu d'accord pour que je t'expose à nouveau les choses de manière plus constructive ? »

En vous donnant une nouvelle chance et en revenant vers l'autre sans avoir peur d'être vulnérable (car vous reconnaissez votre erreur), vous allez saisir une merveilleuse opportunité de renforcer votre lien de bienveillance avec les collaborateurs qui vous entourent.

## À vous !

Y a-t-il récemment une phrase, une attitude que vous auriez souhaité ne pas avoir ?

. . . . . . . . . . . . . . . . . . . . . . . . . . . . . . . . . . . . . . . . . . . . . . . . . . . . . .

Qu'auriez-vous aimé dire ou faire à la place ?

. . . . . . . . . . . . . . . . . . . . . . . . . . . . . . . . . . . . . . . . . . . . . . . . . . . . . .

Que pourriez-vous dire à la personne concernée pour réparer le lien qui a été endommagé par votre réaction ?

. . . . . . . . . . . . . . . . . . . . . . . . . . . . . . . . . . . . . . . . . . . . . . . . . . . . . .

© Groupe Eyrolles

J'ARRÊTE
DE RÂLER
AU BOULOT !

# CHAPITRE 11
# Je fais le pari de la célébration

## Apprendre à dire ce qui va bien

Susciter la coopération par notre communication, c'est aussi choisir les conversations que nous avons envie de cultiver au boulot. Nos conversations ont un impact énorme sur notre vie, elles colorent notre quotidien, et si nous voulons changer notre vie pour y vivre plus de joie, plus de plaisir et plus de sérénité, alors nous pouvons commencer par apporter de la joie, du plaisir et de la sérénité dans nos conversations. Nous avons une capacité de formulation formidable quand il s'agit d'exprimer nos ressentiments, nos potins, nos jugements et nos accusations. Et si nous utilisions cette merveilleuse capacité pour au contraire exprimer ce qui va bien ? Nous maîtrisons l'art de pointer du doigt toutes les fois où la réalité et les autres ne sont pas à la hauteur de nos attentes. Et si nous apprenions à exprimer toutes les fois où la réalité se rapproche de nos attentes ? Et si nous arrêtions de toujours attendre que l'autre dépasse nos attentes pour daigner prendre le temps de le féliciter ou de le remercier ? Ceci est une invitation à reconnaître qu'il y a beaucoup d'efforts qui sont fournis par chacun pour contribuer aux objectifs de l'équipe et qui ne sont pas vraiment remarqués.

Ces efforts sont parfois petits (trop petits à nos yeux) mais ils sont là, et si on ne les reconnaît pas ils vont disparaître, ou pire encore, les collaborateurs vont adopter des comportements négatifs pour recevoir l'attention dont ils ont besoin ou bien des comportements de désengagement alimentés par le découragement.

C'est pourquoi avec ce challenge nous sommes invités à cultiver l'habitude de dire merci pour toutes les fois où la deadline est respectée, où la réunion se passe bien, où on nous a informés dans les temps du prochain changement… Ayons l'audace d'allumer le radar de tout ce qui va dans

© Groupe Eyrolles

le bon sens et osons le dire, en parler « merci pour ton intervention en réunion, j'ai trouvé que ton point de vue était très pertinent », « merci d'avoir pris le temps de me prévenir, ça fait toute la différence pour moi de pouvoir avoir une marge de manœuvre pour anticiper », « quand j'ai vu que tu avais fait les photocopies, j'ai vraiment ressenti du soulagement, c'était chouette de ne pas avoir à m'en occuper ».

Ne pensez-vous pas qu'en parlant de ce qui va dans le bon sens, nous allons donner envie à tout le monde de continuer à faire avancer les choses ? Et si plutôt que de râler, nous apprenions à parler de nos accomplissements, de la contribution de nos collègues, des obstacles franchis, des projets qui avancent… En prenant le temps de parler de tout cela, nous pouvons remplir le réservoir de satisfaction et de reconnaissance de nos équipes. C'est aussi un bon moyen d'identifier nos forces et nos talents, et de prendre conscience que même si parfois nous avons l'impression de stagner, en réalité nous avançons ! Par la suite nous nous sentons collectivement et individuellement plus forts et solides pour aborder les problèmes qui sont devant nous.

## La célébration comme rituel au boulot

Célébrer, c'est une belle idée, et quand nous en parlons, nombreux sont les collaborateurs et les managers qui ont envie d'y adhérer. La plus grande difficulté n'est pas d'être d'accord avec la richesse de la célébration au boulot, mais de faire en sorte que celle-ci entre concrètement dans nos conversations. Comment réellement mettre la gratitude au sein de notre culture d'entreprise ? Comment faire en sorte que cette pratique soit au cœur de nos échanges dans la durée ?

Plusieurs entreprises que nous avons accompagnées avec le programme Ambassadeur J'arrête de râler au boulot ont choisi d'adopter un rituel de célébration. Un rituel est quelque chose que nous mettons en place de manière systématique, un espace que nous créons avec régularité et que nous mettons au cœur de nos pratiques quotidiennes, hebdomadaires ou mensuelles. Un des espaces qui nous semble le plus adapté pour ce rituel est le cadre de la réunion hebdomadaire ou mensuelle. Cette réunion du lundi matin, par exemple, où nous faisons le point sur les projets en cours, les difficultés à surmonter et les sujets à anticiper. Ces entreprises



© Groupe Eyrolles

ont choisi d'ajouter à leur ordre du jour en tout début de réunion un espace de célébration, inscrit dans l'agenda. Chacun est invité lors d'un tour de table à partager avec le groupe ce qu'il a accompli depuis la dernière réunion et dont il est le plus fier. Ce tour de table prend entre 5 et 10 minutes en fonction du nombre de personnes dans la salle et permet à chacun de mettre en avant quelques-uns de ses accomplissements. C'est aussi un espace où les autres peuvent valider et remercier chacun pour ce qu'il apporte à l'équipe et aux projets.

Nous pouvons célébrer en toute humilité, sans prétendre vouloir se mettre en avant, mais simplement pour prendre le temps de partager ce que nous avons accompli et pour lequel nous avons mobilisé notre énergie ces temps derniers. C'est aussi bon pour tout le monde d'avoir une visibilité sur les réussites de chacun. Évidemment, le reste de la réunion sera aussi consacré à parler des difficultés et des zones de progrès, mais cela ne se fera pas sans avoir au préalable rempli le réservoir de reconnaissance des membres de l'équipe. Cette pratique de la célébration est d'autant plus importante que notre travail derrière nos écrans est bien souvent invisible aux yeux des autres. En entreprise, nous courrons après notre to do list et les dossiers à boucler mais nous n'avons pas d'espace pour faire connaître notre engagement et nos efforts.

© Groupe Eyrolles

Célébrer, au départ c'est un peu comme parler une nouvelle langue. On n'a pas l'habitude, ou on peut se sentir « bizarre » de parler de ce qui va bien. On peut avoir l'impression de se vanter et franchement douter de ce que les autres pourraient en penser. La célébration va naturellement rencontrer des résistances car elle va à l'encontre de ce que nous avons l'habitude de partager dans nos échanges. Pourtant, c'est en créant des espaces de pratique régulière (comme pour une langue étrangère) que petit à petit, nous pourrons développer une fluidité et une aisance dans ce nouveau langage si riche pour la valorisation de nos équipes et de chacun.





> « Pratiquer la célébration au travail et notamment en réunion avec partenaires, clients ou collaborateurs, c'est commencer une réunion du bon pied, voir le verre à moitié plein ! Célébrer ses propres succès et donc sa valeur dans l'équipe permet d'augmenter sa propre motivation. Mais c'est également l'occasion de célébrer le travail d'équipe, et les efforts et succès de chacun, parfois de mieux comprendre les contraintes et obstacles rencontrés et surmontés par les autres collaborateurs. Cela soulève aussi des questions constructives et positives, et augmente l'envie de collaboration, la créativité de l'équipe, et la motivation de chacun à se dépasser. »
>
> **Marie-Laure**

Ce rituel de célébration en réunion vous permettra de prendre l'habitude de formuler votre gratitude, et petit à petit vous ne serez pas surpris de voir cette pratique contaminer les autres espaces de l'entreprise. Peut-être même arrivera-t-elle un jour à détrôner les sacro-saints potins autour de la machine à café !

© Groupe Eyrolles

« Dans mon job, ce qui rend nos réunions d'équipe peut-être différentes de la plupart est que, avant de parler des objectifs à court et long terme, de ce que l'on voudrait améliorer dans le travail d'équipe, avant de soulever des problématiques… nous commençons chaque réunion par un rituel de célébration ! Il ne s'agit pas de se vanter, mais d'exprimer ce qui nous rend fiers dans notre travail, des progrès et des accomplissements que nous avons faits depuis la dernière réunion ou de ceux que sommes en train de faire et qu'il nous semble important de ne pas ignorer. Je me souviens que la première fois cela m'a surprise mais finalement je vois maintenant, avec la pratique régulière, trois effets bénéfiques à ce rituel :

- La mise en confiance : lorsque je m'entends dire, par exemple, que j'ai terminé avec succès un nouveau programme informatique (moi qui étais très ignorante dans ce domaine), je me sens plus en confiance pour parler ensuite d'éventuelles problématiques.

- L'appréciation : cela a aussi pour effet de nous faire prendre pleinement conscience des mérites des personnes avec qui l'on travaille, mérites qui pourraient passer en dessous du radar, et de se sentir en confiance, entouré de personnes compétentes qui, elles aussi, savent exprimer leurs réussites, sans se vanter mais avec joie. Cela enclenche "une émulation vers le haut".

- La stimulation : finalement cela a un effet stimulant ! Lorsque je suis en train de travailler, je me surprends parfois à me poser la question "est-ce quelque chose que je pourrais célébrer à la prochaine réunion ?" »

Laetitia

© Groupe Eyrolles

# Cultiver de nouvelles conversations

Beaucoup de personnes qui ont fait le challenge ont pu nous témoigner de ce moment où on réalise que sans râleries et sans potins, on ne sait plus quel sujet aborder ! Ces personnes nous ont dit s'être retrouvées « à sec ». Ayant tellement l'habitude de « râloter » pour entrer en relation, elles se retrouvaient démunies. Ce vide est inconfortable et la nature n'aimant pas le vide, le naturel tend à « revenir au galop ! » et nous risquons de reprendre les râleries pour combler les blancs car nous ne savons pas faire autrement.



Pour réussir 21 jours consécutifs sans râler et se sevrer ainsi de cette pesante habitude, il est donc important d'apprendre à cultiver des conversations d'une nouvelle nature. Nous avons évoqué l'idée d'apprendre à parler de ce qui va bien et d'instaurer des rituels de célébrations mais cultiver de nouvelles conversations c'est aussi apprendre à parler de nos projets, de nos centres d'intérêt, de nos découvertes récentes et de différents sujets qui nous font vibrer. Apporter un nouveau souffle à nos conversations, cela veut dire sortir de cette habitude de parler de tous les malheurs du monde autour de la machine à café, et choisir plutôt de partager avec nos collègues des sujets positifs qui nous animent : le documentaire que nous avons découvert hier, le livre que nous venons de nous acheter, le réseau professionnel que nous allons découvrir la semaine prochaine, la nouvelle application qui nous change la vie, la promenade que nous avons faite dimanche dernier, le projet que nous sommes fiers d'avoir bouclé, la contribution du collègue qui nous a bien aidés...

Râler, c'est utiliser nos mots pour ancrer nos frustrations et notre posture de victime dans notre quotidien. En cultivant de nouvelles conversations nous pouvons ancrer les possibles et ce qui va bien dans notre vie. Nous croyons du fond de notre cœur que ce n'est pas une frivolité ! Changer nos conversations est une manière puissante et accessible de transformer notre vie.

# Changer de niveau de conscience

Notre cerveau est un organe fantastique. Il absorbe et traite des tonnes d'informations. Et pourtant, vous le savez bien, nous n'avons pas en

© Groupe Eyrolles

permanence « conscience » de ce que notre cerveau est en train de faire et d'emmagasiner. En fait, c'est notre attention qui détermine ce dont nous avons conscience. Notre attention, c'est un peu comme un radar qu'on allume. Un radar qui prend certaines informations et les met au-devant de notre conscience, comme une grosse lampe qui met en lumière certaines choses afin qu'on les voie clairement. Ce que ce radar met en évidence devient notre réalité. De plus, notre conscience joue un peu le rôle d'un aimant. Si notre radar « rien ne va » est en route, alors notre attention se concentre sur la détection et la mise en lumière de tous nos problèmes. Ce radar est très pointu et efficace. Et bien souvent, quand il est allumé, nous risquons d'attirer encore plus de galères dans notre vie (probablement parce que nous nous sommes mis dans cette disposition d'esprit). Tandis que si notre radar « célébration » est allumé, nous avons au contraire la chance d'attirer à nous plus de raisons d'être heureux et satisfaits.

Notre expérience de chaque instant de la journée dépend de notre radar, de notre conscience. Car finalement, selon ce que notre radar pointe, nous pouvons passer une très bonne ou une affreuse journée.

> *« Comment être en paix dès maintenant ? En faisant la paix avec l'instant présent. L'instant présent est le terrain de jeu où la vie se joue. En effet, elle ne peut se jouer nulle part ailleurs. Une fois que vous avez fait la paix avec l'instant présent, observez ce qui se produit, ce que vous pouvez faire ou choisir de faire, ou plutôt, ce que la vie fait en vous. Le secret de l'art de vivre, le secret du succès et du bonheur se résume à cinq mots : faire un avec la vie. Faire un avec la vie, c'est faire un avec le moment présent. À ce moment-là, vous réalisez que ce n'est pas vous qui vivez votre vie, mais la vie qui vous vit. La vie est le danseur et vous, la danse. »*

Eckhart Tolle[1]

---

1. Eckhart Tolle, *Nouvelle Terre*, Ariane, 2005.

© Groupe Eyrolles

# CHAPITRE 12
# J'envisage les opportunités pour mon entreprise

## Les outils

### Une proposition libre

Le challenge J'arrête de râler est une démarche personnelle. Nous avons pour habitude de dire aux futurs participants que personne ne peut décider à leur place de faire ce challenge. Qui accepterait que sa hiérarchie lui dise « arrête de râler » ? Ainsi, il n'est pas possible que ce programme soit inscrit comme une formation obligatoire, ou soit une injonction de l'employeur pour ses salariés. Cette démarche ne peut être qu'une proposition.

> « Grâce à ce challenge, j'ai emmené mes équipes de production sur un autre chemin et cela m'a permis de créer une autre ambiance au sein du collectif pour vivre ensemble, pour mieux travailler ensemble. »
>
> **Tiffany**

Le challenge sera donc proposé en faisant appel aux volontaires ! Vous trouverez ci-dessous un exemple de mail d'invitation dont certains de nos ambassadeurs se sont inspirés pour lancer le challenge dans leur entreprise. Nous vous recommandons de commencer par une rencontre d'information pour présenter l'idée et voir si certaines personnes ont envie de vivre l'aventure avec vous. Il peut être utile de déterminer à l'avance le nombre maximum de personnes, et surtout la date limite d'inscription. Le challenge est un chemin progressif de prises de conscience et de

© Groupe Eyrolles

progrès ; il est important que les participants évoluent au même rythme. Si cela a du succès, vous pourrez démarrer d'autres groupes. Nous vous suggérons aussi d'afficher dans les bureaux un flyer d'information concernant la rencontre découverte.

**Suggestion de texte d'invitation envoyé à toute l'entreprise (à ajuster selon vos souhaits et à valider avec votre direction si nécessaire)**

*Chers collègues,*

*Je vous écris à propos d'un projet personnel que j'aimerais partager avec vous : je ne sais pas si c'est votre cas, mais il m'arrive de râler dans ma journée de travail : contre la clim, l'informatique, les clients ou les fournisseurs, même mes collègues et mon chef ! Bien sûr, souvent j'ai raison :) Mais au final, après une telle journée, je rapporte à la maison ce sentiment de frustration et de fatigue qui ne me satisfait pas. Je passe 5 jours sur 7 de ma vie au boulot. Est-ce vraiment la vie dont j'ai envie ? Pas vraiment. Pourtant j'essaie d'être réaliste : on ne peut pas vraiment changer son collègue, les logiciels informatiques, et tous ceux qui ne font pas comme on voudrait.*

*Alors… j'ai un plan B : me lancer dans le challenge J'arrête de râler ! Je veux trouver une façon plus épanouissante de vivre mes journées de travail. Apprendre à adopter une posture plus satisfaisante face aux aléas du quotidien, trouver comment m'exprimer de manière à être entendu(e), même dans mes frustrations et mes difficultés. Plus facile à dire qu'à faire ? En tout cas, j'aimerais essayer, pour découvrir à quoi pourrait ressembler mon quotidien au boulot sans râler !*

*J'ai le sentiment pourtant que seul(e), cela risque d'être difficile… et j'ai eu envie de vous inviter à me rejoindre pour qu'ensemble nous nous soutenions pour vivre des journées plus positives.*

*Je vous propose d'en parler le… Ce sera juste une réunion d'information sur le challenge et ce que je propose, sans engagement !*

*Bonne journée à tous,*

*Signature :*

## Un engagement personnel

La personne qui propose le challenge, quelle qu'elle soit, doit s'y engager personnellement, c'est-à-dire en y prenant part également. On ne peut pas demander aux autres de changer si l'on n'est pas prêt soi-même à changer. C'est la preuve par l'exemple qui fonctionne.

Dans les entreprises qui ont fait le challenge, il y a des DRH, des dirigeants même, qui se sont personnellement investis dans l'aventure en étant parmi les participants. Au-delà de l'exemple, et du « change-toi toi-même », la participation au challenge dans une posture différente de la relation hiérarchique est très enrichissante.

© Groupe Eyrolles

### Des règles partagées

Le challenge J'arrête de râler amène ses participants à réfléchir en profondeur sur eux-mêmes, sur leurs relations professionnelles et leur rapport au travail. Le fait de le vivre en groupe en fait une aventure humaine fédératrice et inoubliable. Mais pour cela, il est important de poser un cadre sécurisant pour chacun. Ainsi, nous proposons trois règles pour les groupes qui feraient le challenge, à partager clairement lors du premier atelier :

- La confidentialité des échanges : rien de ce qui se dit entre les participants ne peut sortir du groupe. Chaque participant peut parler de sa propre expérience, en dehors du groupe, mais il n'a pas le droit (le mot est fort mais important) de raconter ce que d'autres ont pu y apporter. C'est une condition indispensable pour que chacun se sente libre de vivre pleinement le challenge, sans crainte que cela soit « raconté » à d'autres.
- La bienveillance : chaque personne a ses propres difficultés, sa propre personnalité, ses propres valeurs. Les participants s'engagent donc à ne pas juger l'expérience des autres, et à ne pas les critiquer ni les dénigrer.
- La participation : les personnes qui font le challenge s'engagent à participer aux ateliers. Si certains viennent seulement en observateurs mais refusent de participer activement, cela bloquera également les autres. L'un des ingrédients du challenge, ce sont les échanges !

### Différents points d'entrée

Voici, en complément, quelques idées pour introduire le challenge dans votre entreprise. Vous en trouverez peut-être d'autres :

- dans le plan de formation ;
- dans le plan d'action qualité de vie au travail ;
- dans les espaces de dialogue ;
- dans les ateliers d'innovation participative ;
- dans un groupe d'échange entre pairs (notamment pour les travailleurs indépendants) ;
- dans les actions de convivialité d'équipe ;
- par le comité d'entreprise ;
- …

## Plusieurs niveaux d'engagement

Tous les environnements professionnels ne se ressemblent pas. Certains sont encore très traditionnels, centrés sur les tâches à effectuer et

© Groupe Eyrolles

l'efficacité. D'autres sont plus ouverts sur les relations et se permettent d'explorer autre chose que les seules missions professionnelles, car elles savent que le temps passé à nourrir les relations est un réel investissement qui contribuera à la réussite de l'entreprise. Cela dépend souvent des personnalités qui composent cet environnement, de leur style, et de leurs convictions.

En fonction de votre environnement, vous avez plusieurs façons de vivre le challenge. Parfois, commencer par une étape amènera l'étape suivante.

### Premier niveau : individuel

Vous pouvez tout d'abord vous engager individuellement dans ce challenge (et en lisant ce livre c'est ce que vous faites !) et en parler autour de vous. Cela suscitera des échanges, des questions, peut-être d'autres « vocations », et surtout, votre propre changement aura immanquablement une répercussion sur votre entourage. Si vous changez intérieurement, vous changez vos relations, et ce changement sera perçu par les autres.

### Deuxième niveau : collectif informel

Vous pouvez également décider de faire ce challenge à plusieurs, de manière confidentielle : chacun avance dans la lecture du livre, et à la machine à café ou bien avec la création d'un groupe de mails ou de sms, vous échangez sur votre expérience. Quelles découvertes dans le livre ? Quel apprentissage ? Où en êtes-vous des 21 jours ? Qu'est-ce qui est difficile ? Qu'est-ce qui vous fait le plus râler et qu'est-ce que cela cache ? Quelles sont vos réussites et ce que vous avez désormais compris ?

### Troisième niveau : collectif officiel

Ou bien vous faites le challenge à plusieurs, de façon officielle : c'est un challenge collectif pour lequel vous prenez du temps. Vous organisez cela avec les personnes de votre service, ou vos collègues préférés… Cela n'a pas forcément de coût pour votre entreprise. Vous pouvez demander d'occuper une salle de réunion de temps en temps sur l'heure du déjeuner. Vous informez votre hiérarchie et la DRH de votre démarche. Vous vous retrouvez toutes les semaines ou tous les 15 jours sous un format de « club de lecture ». Entre chaque rencontre, les participants s'engagent à lire un chapitre et votre rendez-vous sera l'occasion de partager sur ce qui a été lu et d'échanger sur ce que chacun a compris[1].

---

1. Pour animer vos temps de rencontres, vous pouvez vous aider des ressources en ligne que vous trouverez sur le blog : www.jarretederaler.com

© Groupe Eyrolles

## Quatrième niveau : projet d'entreprise

Enfin, dernière façon de faire, dans les entreprises enthousiastes et qui aiment tester de nouvelles choses : la direction s'implique. Cela peut passer par la formation d'ambassadeurs (voir ci-dessous) qui animeront des ateliers structurés en interne, une communication générale sur le projet, l'inscription au plan de formation pour valoriser la démarche, voire une conférence avec les auteurs sur le sujet ! Ce challenge peut être l'occasion d'animer un évènement interne, comme nous l'avons déjà fait dans plusieurs entreprises... et un challenge grandeur nature !

**La formation Ambassadeurs[2]**

Afin d'aider à la diffusion des messages clés issus de ce livre au sein des entreprises, nous avons mis en place un parcours de formation pour les collaborateurs internes qui désireraient devenir ambassadeurs J'arrête de râler au boulot. Cette formation a un coût raisonnable, et elle est en général prise en charge par l'entreprise. Les ambassadeurs sont formés et accompagnés par Christine Lewicki qui les prépare à l'animation de six rencontres d'une heure, qu'ils proposeront ensuite sur leur lieu de travail. Les ambassadeurs auront l'opportunité d'apprendre et de s'approprier les enseignements importants du challenge et nous leur remettrons aussi des trames d'interventions « clé en main » pour animer leurs rendez-vous. Ils seront prêts à porter un message clair, structuré, structurant et inspirant. Voici un aperçu du programme qu'ils seront prêts à animer à l'issue de leur formation d'ambassadeurs.

**ATELIER 1.  Soyons clairs : nous avons plein de bonnes raisons de râler au boulot**

L'objectif de cet atelier est que chacun reparte avec l'idée que la vie au boulot nous apporte plein de raisons valables de râler et qu'il ne faut pas de se sentir coupable d'être râleur. Chacun va aussi repartir avec la conviction que râler ne marche pas.

**ATELIER 2.  Comment faire autrement - Sortir de l'automatisme et commencer à prendre les choses en main**

À la fin de cet atelier, les participants connaîtront les critères de la râlerie et pourront commencer à apporter du changement dans leur quotidien pour moins le subir.

---

2. Pour en savoir plus sur les modalités de cette formation d'ambassadeur J'arrête de râler au boulot, merci de contacter : ambassadeurs@christinelewicki.com

© Groupe Eyrolles

**ATELIER 3.  Distinguer mes zones de choix et d'action**

À l'issue de cet atelier, les participants sauront faire le tri dans les situations qui les font râler pour agir sur celles qu'ils ont le plus de chance de réussir à faire évoluer.

**ATELIER 4.  Les situations que je ne peux pas changer… ou que je choisis de ne pas changer = acceptation et lâcher prise**

À la fin de ce module, les participants auront compris que lâcher prise ne veut pas dire abandonner.

**ATELIER 5.  Quand nous râlons à cause des autres, comment communiquer pour susciter la coopération ?**

À la fin cet atelier, les participants auront (re)découvert une nouvelle manière de communiquer et ses bénéfices. (jeux de rôle/mise en situation)

**ATELIER 6.  Une nouvelle conversation avec la vie, un challenge pour y arriver**

À l'issue de ce dernier atelier, les participants auront des clés en main pour passer à l'action et se lancer dans le challenge J'arrête de râler. Nous avons aussi à votre disposition des ambassadeurs certifiés indépendants qui peuvent venir animer les 6 rencontres auprès de vos équipes si vous pensez que c'est mieux d'avoir un intervenant externe.

*« Les 6 ateliers m'ont permis de me remettre profondément en question et je me sens désormais plus à l'écoute, plus attentif à mes collègues. J'arrive aussi à adopter une approche plus diplomate avec mes supérieurs. »*

**Thierry**

Nous avons également proposé un parcours de formation plus rapide sous forme de conférence/atelier de 3 heures auprès de plusieurs entités de la SNCF à Nancy, Tours et Bordeaux. À l'heure où ce livre est publié, plusieurs autres entreprises ont déjà choisi de rejoindre l'aventure et nous sommes en cours d'accompagnement des ambassadeurs internes.

© Groupe Eyrolles

# Les réticences

Si vous êtes encore avec nous en train de nous lire, c'est que probablement notre « philosophie de vie » vous plaît et vous aimeriez peut-être bien réussir à l'importer sur votre lieu de travail. Vous êtes enthousiaste, mais nous savons aussi que vous entendez probablement dans votre tête toute une série d'objections.

Je vais plus loin

Si vous êtes salarié, vous pouvez craindre qu'on ne vous prenne pas au sérieux, que l'on vous considère comme un bisounours, et qu'on vous rétorque que cela ne peut pas marcher, et qu'on a mieux à faire : travailler ! Vos collègues les plus râleurs seront sarcastiques et vous passerez pour... celui qui râle ! Par ailleurs, cette démarche, lorsqu'elle est faite collectivement, peut vous faire craindre de vous ouvrir à vos collègues en parlant de vous, et de vous rendre vulnérable... Car cela nécessite de la confiance.

Si vous êtes représentant du personnel, vous pouvez craindre que ce programme soit un prétexte pour éviter les vrais sujets, et d'occuper le terrain avec des outils qui ne correspondent pas à la réalité du besoin.

En tant que manager, DRH ou dirigeant, bref, « représentant de l'employeur », vous pouvez avoir deux craintes :

- Crainte que l'on comprenne mal votre proposition (« la direction veut qu'on arrête de râler »), que vous soyez accusé de vouloir museler les collaborateurs et de donner des leçons, de ne pas entendre les difficultés et de vouloir faire voir la vie en rose, accusations qui pourraient être portées par les partenaires sociaux.
- Crainte que cela devienne un grand exercice de râlage collectif, un déversoir de plaintes, une marmite à revendications, mais aussi que les salariés travaillent moins, que ce soit *juste* des réunions en plus, ou que cela ressemble à des choses qu'on a déjà faites et qui n'ont pas marché. Devant ce challenge qui pousse à la liberté, au dialogue, vous pouvez ressentir l'inquiétude que tout cela vous échappe.

Mais ce serait croire que J'arrête de râler n'est qu'un challenge sympathique de plus, une simple injonction, ou au mieux une utopie. En effet, ce challenge, c'est devenir acteurs de solutions plutôt que victimes des situations, car il :

- donne des clés pour réfléchir au sens de son travail ;
- donne des leviers pour apprendre à collaborer ;
- développe la responsabilité individuelle du bonheur.

© Groupe Eyrolles

Les clés pour réfléchir au sens de son travail se trouvent dans la motivation intrinsèque des salariés, et ce challenge les invite à réfléchir à la mission que chacun veut remplir, par son activité professionnelle. Les leviers pour apprendre à collaborer sont la communication non violente, le changement de nos conversations, et cette nouvelle posture positive d'espérance, sans cesse, que nous pouvons contribuer à rendre les choses meilleures. La responsabilité individuelle du bonheur s'acquiert en explorant nos attentes, parfois trop éloignées de la réalité, mais aussi en apprenant les moyens de passer à l'action dans nos zones d'influence, après avoir défini nos priorités personnelles. La liberté ne va pas sans la responsabilité, et ce challenge ancre la notion de responsabilité individuelle et rééquilibre la responsabilité du destin du salarié, dans un contexte où l'on attend parfois trop de l'employeur.

Il n'est pas question de dédouaner l'entreprise de ses responsabilités, ni d'occulter les risques psychosociaux réels qui existent dans les organisations et dans les relations professionnelles. Ce challenge invite simplement à rééquilibrer la responsabilité du destin du salarié, en lui redonnant du pouvoir d'action sur son quotidien professionnel, et en redonnant à chacun sa part. Certes l'entreprise a sa part, importante, dans le bien-être et la santé du salarié. Mais le salarié aussi a son implication, plus importante qu'il ne le croit parfois.

© Groupe Eyrolles

« Je me suis dit que j'avais tout intérêt à participer au challenge pour m'alléger d'un poids quotidien lié à l'habitude prise de râler (sans que ces râleries améliorent d'une quelconque manière que ce soit la situation !) : j'ai trouvé des pistes intéressantes pour évoluer personnellement. J'ai beaucoup aimé que nos réunions J'arrête de râler soient régulières, ça a été un élément très important pour moi pour maintenir la dynamique du challenge. Je pense que nous étions tous heureux de prendre cette heure pour nous retrouver et échanger. Le challenge a permis de créer des liens entre les participants qui n'auraient pas pu voir le jour autrement. »

Claire

## Un cadeau pour chacun, quel que soit son rôle

### Vous êtes « simple salarié », ou indépendant

« Simple salarié », c'est chacun de nous. Un DRH, un manager, un DG sont aussi de simples salariés et peuvent faire le challenge à titre individuel. La première équipe J'arrête de râler était constituée de cadre et de non-cadres, d'hommes et de femmes, d'anciens et de plus jeunes, de fonctions « cœur de métier » et supports différents.

Vous avez lu les chapitres précédents avec attention, vous portez déjà votre bracelet et vous avez décidé de vous lancer. Vous commencez à raconter le début de votre transformation à votre entourage... Vous sentez déjà les bienfaits du challenge dans votre quotidien au boulot, et surtout, vous voyez à quel point vos collègues râlent encore, eux !

Et si vous invitiez vos collègues à vous rejoindre dans l'aventure ? Et si vous organisiez une ou plusieurs rencontres pour échanger sur ces sujets et avancer ensemble ? Vous pouvez à votre façon être « passeur de bonheur au travail » (mouvement créé par la Fabrique Spinoza[3]) en diffusant

______________
3. www.bonheurautravail.org

© Groupe Eyrolles

le challenge J'arrête de râler au boulot. Proposer de lancer le challenge dans votre entreprise, c'est permettre à vos collègues de bénéficier de cette nouvelle posture face aux évènements du quotidien, d'être tourné vers l'action plutôt que de rester victime. C'est aussi vivre une aventure collective créatrice de lien... et qui sait, faire de toute son entreprise un espace non râleur !

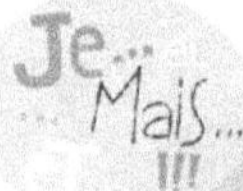

« Je pensais qu'il ne serait pas facile de se livrer à ses collègues, mais notre petit groupe de 10 était vraiment sympa et soudé, j'ai senti beaucoup de bienveillance dans nos échanges. Parler d'un sujet qui nous dévoile autant que la râlerie aide à nous humaniser : nous avons tous nos failles, nos difficultés, mais lorsque l'on reste au niveau du rapport purement professionnel, on les cache. Finalement, on peut travailler régulièrement avec des personnes sans rien savoir d'eux ou presque. Grâce à nos réunions régulières, nous étions vraiment dans une bonne dynamique pour rester attentifs à nos paroles. Et j'ai très vite réalisé que je continuais à faire attention même en dehors du bureau. C'est un challenge très positif à vivre dans la vie privée aussi. »

Sophie

Pour les personnes travaillant en libéral, ou auto-entrepreneurs, intermittents... pensez aux personnes que vous côtoyez dans votre environnement professionnel, et vous aurez certainement des idées pour lancer ce challenge à plusieurs !



© Groupe Eyrolles

> « Ce qui m'a le plus surprise avec les ateliers, c'est l'impact que cela a eu dans la durée auprès de mes collègues. Après une phase de "digestion" propre au rythme de chacun, certains ont expérimenté et en ont tiré les bénéfices assez rapidement. C'est bon de vérifier qu'un changement positif peut advenir chez chacun, même les plus en souffrance d'entre nous, même les plus réticents au changement, apparemment. »
>
> **Alexandra**

## Vous êtes dirigeant d'une entreprise ou manager d'une équipe

Votre préoccupation constante, c'est la motivation de vos équipes pour garantir leur productivité et la rentabilité de votre entreprise. Vous avez d'ailleurs certainement des comptes à rendre : à votre hiérarchie, au conseil d'administration, à vos actionnaires… Au cours de votre carrière, vous vous êtes nourri à l'envi de méthodes de management, par des formations, des lectures, du coaching. Vous avez appliqué tous les bons conseils, mais vous sentez pourtant qu'une chose vous échappe. Parfois, même en appliquant toutes ces méthodes, la sauce ne prend pas, vos équipes restent critiques, l'individualisme règne, à chaque nouveau projet vous n'entendez que des plaintes sur la charge ajoutée. Les salariés parlent de manque de reconnaissance, mais vous sentez que cela ne parle pas entièrement de rémunération et de classification.

Dans d'autres équipes, au contraire, l'ambiance est au top, la convivialité fréquente, la solidarité la règle, et l'enthousiasme pour le changement réel. Et là aussi, vous sentez que ces éléments positifs procèdent d'autre chose que de méthodes d'animation, de management, d'organisation bien rodées.

Ce qui vous échappe, c'est la motivation intrinsèque des salariés, celle sur laquelle vous avez peu de prise. Vous ne pourrez développer la motivation intrinsèque qu'en touchant au cœur de vos collaborateurs : leur plaisir du travail, de réaliser une tâche, une mission, un objectif commun. Cette motivation, vous ne pourrez pas l'activer directement, car elle dépend d'eux. Vous pourrez simplement tenter de mettre en place des conditions favorables pour qu'elle se développe.

© Groupe Eyrolles

J'ARRÊTE
DE RÂLER
AU BOULOT !

Le succès des entreprises libérées – entreprises ayant pour mot d'ordre la confiance et l'autonomie des salariés, par plus de liberté, couplée à plus de responsabilité individuelle – sur lesquelles la littérature en France s'est multipliée ces dernières années, est une bonne nouvelle pour le monde du travail. Non pas que ce modèle doive être appliqué partout, mais parce qu'il a permis une interrogation profonde de chacun par rapport à son modèle existant, et qu'il fait bouger les lignes, même dans les structures les plus traditionnelles. Il faut également se réjouir de l'écho de ces modèles libérés dans la réglementation ; la plus récente manifestation en est l'inscription dans la loi travail de l'obligation de négocier sur les espaces de dialogue en entreprise (à ce sujet, voir le chapitre 10).

Ces nouveaux paradigmes des relations au travail, dans leurs termes de liberté et de responsabilité, apportent à notre sens un double mouvement : vers le collectif, et vers l'individu.

- Vers le collectif, car aujourd'hui, le management hiérarchique autoritaire n'est plus possible. Un dirigeant, un manager, s'il veut garder son équipe « motivée » – nous préférons le terme « impliquée » – devra partager : partager l'information, partager la décision. Nous sommes dans l'ère du « co » (collaboratif, co-construction, co-développement…) et personne ne peut l'ignorer aujourd'hui dans les organisations. Cette évolution trouve probablement sa source dans la révolution de l'Internet, prémisse de la révolution digitale, qui a permis l'accès du savoir à tous, la possibilité à chacun de contribuer au sein de communautés, de donner son avis à tout moment, fût-il critique. Celui qui a aujourd'hui le pouvoir reconnu, légitime, n'est plus celui qui détient, retient l'information, décide seul dans l'opacité. C'est celui qui donne l'information, la partage, et qui sollicite son environnement pour nourrir une réflexion collective avant la décision. Plus de liberté donc, mais une liberté tournée vers le collectif, le collaboratif, l'intelligence de groupe.
- Vers l'individu, car en introduisant une plus grande liberté, la responsabilité de chacun s'accroît. Nous voyons cela comme une balance : plus votre liberté est restreinte dans l'exercice de vos missions, moins vous avez de responsabilités, et vice-versa. En sollicitant plus régulièrement, plus systématiquement, la contribution des salariés, individus au sein d'un collectif, vous les rendez responsables de leurs positions, de leurs propos, de leurs propositions.

© Groupe Eyrolles

« C'est avant tout l'état d'esprit dans lequel se réalise le challenge, son approche concrète et réaliste qui m'a parlé. Sans prétention ni jugement et sans culpabilisation, Christine Lewicki nous invite à prendre conscience des impacts de nos râleries sur nous-mêmes et les autres. J'ai donc eu envie de le faire partager à l'équipe que j'encadrais. J'ai aimé l'approche à la fois personnelle et professionnelle. Cette capacité à jongler entre ce qui se vit à l'intérieur de chacun, la relation aux autres et les possibilités d'action dans notre quotidien au travail. Personnellement, j'ai appris à avoir une approche encore plus bienveillante, dans une communication davantage ouverte sur l'autre. Cela m'a fait prendre conscience à quel point nous sommes les premiers à pouvoir agir et faire évoluer les situations. »

Caroline, responsable pôle Petite enfance, ville de Suresnes

Je vais plus loin

© Groupe Eyrolles

« À vrai dire, je ne me sentais pas vraiment râleur… en revanche, je trouvais que les autres autour de moi l'étaient particulièrement et cela avait un impact négatif fort sur mon moral. Lorsque l'occasion s'est présentée de réaliser les ateliers au sein de l'entreprise dont j'ai la responsabilité, j'ai vite imaginé le bien-être qu'une cure d'optimisme pourrait apporter à l'efficacité collective.

Lors des ateliers, l'équipe constituée d'un patchwork représentatif de tous les métiers de l'entreprise est invitée à puiser au fond d'elle-même avec humilité et sincérité. Mais que va-t-on chercher ? Tout simplement ce qui nous pousse à voir dans les situations qui se présentent à nous les contraintes plutôt que les opportunités, les difficultés plutôt que les richesses, les problèmes plutôt que les solutions qui permettraient d'y répondre. Ce face-à-face avec soi-même, exprimé avec nos mots au sein de l'atelier J'arrête de râler permet de mieux nous comprendre et ainsi de réaliser en quoi nos râleries ne sont qu'un exutoire facile d'accès parasitant toute l'énergie positive que nous pourrions mettre au service du bien commun. À titre personnel, cette introspection m'a permis de prendre conscience que je préférais râler que de lâcher prise sur les sujets pour lesquels mon action était par essence inopérante. J'imaginais sans doute que mes équipes auraient préféré me voir me battre vainement pour une bonne cause inatteignable plutôt que de mettre mon enthousiasme à d'autres projets accessibles. Mais quel orgueil ! Ensuite, ces échanges favorisent le développement au sein de l'équipe d'un sentiment d'appartenance à l'entreprise qui souvent fait défaut dans nos groupes, produits de croissance externe. Et même s'il n'y a qu'une partie minoritaire de l'entreprise qui participe,

cette expérience singulière crée une dynamique d'équipe teintée de bienveillance et d'écoute positive. Tout l'enjeu désormais réside dans le fait de pérenniser cette dynamique et qu'elle soit contagieuse à tous ceux qui n'ont pas participé aux ateliers. »

Gilles Gravereaux, directeur d'entité opérationnelle,
Suez Environnement

*

« J'ai accepté de lancer le challenge car je me sens proche des valeurs du programme. J'explique toujours à mes enfants (mais aussi à mes équipes) qu'il n'y a pas de problème, que des solutions. La mise en place du programme à un moment crucial du développement de la société (fusion) était une bonne opportunité pour encourager les interactions positives entre les équipes. Maintenant que les ateliers sont terminés, je peux témoigner que la dynamique de groupe mise en place a dépassé les participants du programme et a permis de diffuser du positif à l'ensemble des entreprises. Aujourd'hui encore, le programme J'arrête de râler est souvent évoqué par les équipes et cela montre l'influence positive que cela peut donner de créer des programmes avec les équipes au sein d'une entreprise. »

Michael Amand, directeur général agence de presse,
IDIX/Président FémininBio

## Vous êtes DRH, ou membre d'une équipe ressources humaines

Bien sûr, tous les points développés précédemment qui s'adressaient aux managers vous concernaient, notamment parce que d'une certaine façon, les managers sont vos clients internes, et leurs préoccupations sont les vôtres. Également parce que, ne nous y trompons pas, le DRH, s'il a une posture et une réflexion particulières puisque son sujet est l'humain, reste un « business partner » qui doit contribuer, au même titre que les autres, à la rentabilité de l'entreprise.

© Groupe Eyrolles

Vous avez cependant d'autres enjeux complémentaires. Le point majeur est celui de votre responsabilité en termes de santé des salariés. La prévention des RPS (risques psychosociaux) et le développement d'une politique de qualité de vie au travail ne sont plus une option. Cette notion est vaste et recouvre différents champs d'intervention. Dans les entreprises françaises, elle commence à avoir atteint un certain niveau de maturité, les plans d'action mis en œuvre peuvent facilement être riches et inventifs, mais sont aussi parfois vécus comme des contraintes administratives supplémentaires, sources de coûts et de complexité… s'éloignant d'outils simples et efficaces. Nombreuses sont les équipes RH qui abordent ce sujet avec sérieux, conviction, inventivité, mais qui ont parfois le sentiment que leurs actions n'ont pas l'impact qu'elles souhaiteraient sur le sentiment de bonheur au travail des salariés.

Le mot est lâché : bonheur. Il a fait partie ces dernières années des mots-clés à la mode dans la littérature autour du travail. Il semble être l'aboutissement de cet éveil à l'idée que le monde professionnel engage beaucoup plus que nos compétences, mais bien notre être entier. Parti d'une approche de santé avec le prisme des RPS, domaine des médecins et des psychologues du travail, le concept s'est rapidement élargi à la QVT (qualité de vie au travail), notamment sous l'impulsion des employeurs souhaitant sortir de cette vision négative du risque. Après le médecin, le juge a investi ce domaine : les RPS doivent être listés dans le document unique des risques depuis 2006, et la QVT est dorénavant, depuis 2016, une thématique obligatoire de négociation dans les entreprises. Cela n'a pas fait grand bruit dans les médias, mais arrêtons-nous un instant sur ceci : depuis 2016, toutes les entreprises, quelle que soit leur taille, doivent négocier avec leurs partenaires sociaux sur la qualité de vie au travail et établir un plan d'action. C'est une avancée majeure dans l'histoire du travail et de l'entreprise.

Enfin, peu à peu, l'approche QVT a élargi sa réflexion, et son champ lexical. Convivialité, confiance, bienveillance, bien-être, épanouissement… et maintenant, bonheur. C'est le temps du philosophe dans l'entreprise, et des « chief happiness officer », les responsables du bonheur au travail !

Le challenge J'arrête de râler s'inscrit pleinement dans les politiques et plans d'action de qualité de vie au travail portés par les DRH. Mais il invite chaque participant à être acteur et responsable, pour une partie, de sa

© Groupe Eyrolles

santé au travail. La première obligation de l'employeur concernant la santé des salariés, c'est une obligation de moyens (la notion d'obligation de résultat se discute encore devant les tribunaux). Le challenge J'arrête de râler au boulot est l'un des moyens efficaces qui vous sont proposés pour lutter contre les RPS et accroître la qualité de vie au travail… car il donne des moyens aux salariés pour accroître leur propre bien-être. Enfin, pour les DRH comme pour les dirigeants, au-delà des obligations légales et de la recherche de performance, notre conviction est que l'entreprise a aussi une responsabilité sociale, et le bien-être de vos salariés peut vous tenir à cœur uniquement pour des raisons humanistes… Nous l'espérons !



##  L'avis du DRH

« Il est loin le temps où le DRH était considéré comme le chef du personnel, qui appliquait le droit et recrutait des salariés qui connaîtraient un parcours linéaire dans l'entreprise. Dans un monde plus chaotique et anxiogène, l'entreprise est présumée coupable de bien des maux et son DRH a pris une nouvelle dimension, « portant » en quelque sorte l'engagement des salariés, l'efficacité des managers, les risques de souffrance au travail, et même une part de la performance collective, auprès du directeur général. Dans les grandes entreprises, il relève ces défis en conduisant des analyses stratégiques avec des plans d'actions qui seront ensuite déployés dans les entreprises, les filiales, les directions. Sur le papier, ce qui doit être fait a bien été programmé.

En réalité, tout ce qu'il a prévu sera menacé, chaque jour, par le comportement de collaborateurs qui égratignent leurs collègues, traînent les pieds, critiquent leur manager, râlent un peu contre tout et, souvent, précisément contre rien. Ils le font pour la plupart inconsciemment, un peu comme un réflexe, et certainement pas dans un objectif de sabotage.

© Groupe Eyrolles

Cela a pourtant l'effet d'une vague qui sans cesse revient et peut saper la cohésion de l'équipe, son efficacité, et au final le plaisir et la chance de s'épanouir par son travail. Nous avons tous connu ce type de situation, dans laquelle le comportement de certains influe sur la vie de tous.

À cette réalité le DRH ne peut opposer un remède unique et idéal, pas plus par exemple qu'un gouvernement ne pourrait décider par décret quel temps il fera demain. Son rôle est de créer un environnement dans lequel chacun sera incité à agir pour améliorer la vie au quotidien, en suscitant des idées, des initiatives, des prises de responsabilité. Le programme J'arrête de râler concourt à cela, à mettre en mouvement les collectifs. L'initiative du challenge lancé dans une filiale du groupe a été sélectionnée par les salariés pour figurer parmi les Top Succès Groupama. Cette initiative constitue une alternative, un outil pour les DRH dont la conviction est que le travail en entreprise est créateur de bonheur. Y parvenir est de la responsabilité de chacun de nous. Après tout, ce n'est pas si difficile, c'est même à portée de main si on en accepte l'idée. Il suffit de s'y mettre et d'avancer, un pas après l'autre. Se placer sur ce chemin est déjà un résultat, qui bénéficiera à tous et incitera à aller plus loin. »

Fabrice Heyries, directeur général adjoint<br>en charge des ressources humaines, Groupama

### Vous êtes représentant du personnel

Votre préoccupation, c'est la santé des salariés, le respect des dispositions légales à cet endroit, et la défense d'un modèle social de l'entreprise qui garantisse le bien-être individuel et collectif, notamment en matière d'équilibre possible entre les contraintes de la vie professionnelle et la vie personnelle, et plus généralement de qualité de vie au travail. Vous êtes

© Groupe Eyrolles

attentif aux pratiques managériales qui pourraient ne pas respecter les salariés. Vous êtes un interlocuteur charnière au sein de l'organisation : vous percevez directement le vécu des salariés, et vous êtes amené à discuter, voire négocier, avec l'employeur, les modalités d'organisation et de relations humaines au sein de l'entreprise.

Vous savez que les salariés ont vraiment de bonnes raisons de râler au boulot, et l'une de vos missions est d'en être le relais. La majeure partie du temps, si vous vous êtes investi dans cette mission de représentant du personnel, c'est parce que vous portez en vous la conviction que l'entreprise peut être un lieu de développement humain, car elle est un lieu de vie.

Ce challenge, ce n'est pas se museler et tout accepter, c'est au contraire être plus efficace dans sa façon d'exprimer ses besoins, et renforcer son assertivité. L'assertivité, c'est la capacité à s'affirmer, à faire entendre ses besoins, ses demandes, d'une manière respectueuse de l'autre, et qui de fait puisse être entendue et acceptée. La communication non violente exposée dans le chapitre 10 est une méthode efficace pour gagner en assertivité.

En tant que représentant des salariés, vous avez un rôle clé, irremplaçable, pour porter leur voix, leurs attentes, leurs frustrations, parce que votre mandat protège cette parole. Mais vous observez aussi que souvent, votre intervention pourrait être évitée par un meilleur dialogue entre les salariés et leur hiérarchie, ou entre les salariés eux-mêmes. Parfois, l'un exprime de façon incomplète ou trop maladroite ce qu'il souhaite dire, ou même ne l'exprime pas, soit par crainte (le collaborateur souvent), soit parce qu'il n'a pas appris à trouver les mots pour dire des choses difficiles (le manager souvent).

Proposer ce challenge aux salariés, par exemple par le biais du CE, c'est l'opportunité de réfléchir avec les salariés aux zones d'influences qu'ils ont au quotidien dans leur travail, et à la façon d'apporter du changement dans leurs relations avec leurs collègues, avec leur hiérarchie, et plus généralement avec l'entreprise, pour que le travail retrouve son sens.

Leur proposer ce challenge, c'est leur donner des clés pour aller exprimer à leur entourage, que ce soit leur hiérarchie, leurs collègues, et bien sûr leurs représentants, ce dont ils ont besoin, et ainsi avoir plus de chance

de l'obtenir. Augmentation, congés, réduction de la charge de travail ou accroissement des missions intéressantes, changement des conditions de travail… les occasions sont nombreuses pour les salariés d'avoir quelque chose à demander, et d'y parvenir plus ou moins bien…

## L'avis de l'expert des syndicats

« Tiens, encore une nouvelle lubie, une nouvelle mode de consultants… parler de bienveillance alors qu'il y a tant de souffrance dans l'entreprise… faire encore reposer les responsabilités sur les individus… un nouveau moyen de nous (représentants des salariés) court-circuiter… »

Ces remarques vont sûrement être formulées. Oui, l'entreprise, comme toute organisation, est traversée par des intérêts contradictoires, des luttes de pouvoirs… Mais si nous regardions ce que ce challenge peut apporter aux salariés et à leurs représentants ?

Ce « changement de posture » ne peut être effectué que si l'on teste soi-même le dispositif, ce qui finalement demande du courage à ceux qui le proposent ! Évidemment, il va falloir du temps et passer outre certains préjugés. Récemment, j'ai assisté à une formation à la communication non violente dans laquelle les salariés faisaient état des remarques incrédules de leurs collègues sur son utilité : cela montre encore que ceux qui sont le plus critiques sont souvent ceux qui se mouillent le moins. Mais favoriser l'expression des salariés sur leurs attentes, leurs préoccupations n'est-il pas le premier des devoirs de leurs représentants ? Le challenge J'arrête de râler peut être un outil utile au dialogue social, notamment dans les principes de communication qu'il propose. Chaque structure devra se poser la question du meilleur cadre pour l'intégrer (échanges

© Groupe Eyrolles

internes, avec les salariés, la direction...) et comment sera fait le bilan de l'expérience. Autant d'interrogations qui auraient le mérite d'être abordées et ainsi ouvrir de nouveaux champs d'échanges, voire de négociations. Et si l'on passait au concret lors des négociations sur la qualité de vie au travail ? Chiche ? »

Olivier Lapoix, consultant, accompagne la construction d'un dialogue ouvert et apaisé entre les salariés, leurs représentants et les directions en mobilisant des outils issus de l'approche systémique, de la médiation et de la communication non violente

## Anticiper les questions sur le challenge

Même si vous êtes ultra-motivé pour le challenge, même si vous avez trouvé le bon moyen pour le vivre collectivement dans votre environnement professionnel, avec des supporters et plusieurs personnes partantes, vous rencontrerez de la résistance. Dans toutes les organisations, il y a toujours, sans exception, des personnes viscéralement « contre » qui disent que ça ne marchera pas. Ces personnes sont en général assez douées pour conforter votre petite voix à vous, celle qui doute. Regardons ensemble quelques-unes des situations que vous pouvez rencontrer ; la meilleure façon d'y répondre est souvent par l'humour, car les « rabat-joie » ne sont pas vraiment prêts à être convaincus par vos arguments.

### Et si mes collègues me disent que si on arrête de râler, on devient des serpillières ?

C'est une remarque fréquente, car de nombreuses personnes confondent râler et s'exprimer. Mais cela n'a maintenant plus de secret pour vous : râler, c'est bien s'exprimer, mais de façon inefficace ! Vous pouvez alors leur rétorquer que vous allez arrêter de râler, mais pas de faire connaître vos besoins et vos frustrations ! Qu'au contraire, vous avez trouvé un moyen secret pour vous faire encore mieux entendre.

### Et si mon collègue qui râle tout le temps me dit qu'il ne râle pas ?

N'essayez pas de le convaincre du contraire, ce serait une perte de temps. C'est qu'il n'est pas prêt à abandonner ses râleries pour une posture plus

© Groupe Eyrolles

positive. Dites-vous une chose : ses râleries lui servent à quelque chose (mais seul lui sait à quoi), même si elles sont inefficaces. Ce challenge ne peut pas être prescrit à quelqu'un qui n'en ressent pas l'envie. Ce qui compte, c'est votre propre envie de moins râler, même si vous trouvez qu'il râle plus que vous. En revanche, vous pouvez lui parler de vos progrès comme de vos difficultés. Et puis le changement qu'il percevra immanquablement chez vous le questionnera… et lui donnera peut-être envie à son tour !

### Et si seuls les colibris[4] sont intéressés ?

C'est une chose que nous avons constatée en lançant le challenge dans les entreprises pilotes : les personnes volontaires, enthousiastes, qui s'inscrivent, sont celles qui ont déjà une personnalité positive ! Les gros râleurs ne s'inscrivent pas et raillent ou dénigrent le projet. C'est normal : le changement est trop énorme pour eux, il leur faut un peu de temps pour apprivoiser l'idée…

Mais ce n'est pas très important. Si quelques personnes, même les plus optimistes, arrêtent déjà un peu de râler, c'est une chose positive pour tout le monde. Ce monde où plus personne ne râlerait, mais saurait exprimer de manière juste et efficace ses besoins, vous le trouvez utopique ? Peut-être, mais ce qui est certain, comme le loto, c'est que ceux qui n'essaient pas sont certains de l'échec. Les gros râleurs seront d'une manière ou d'une autre impactés par cette nouvelle ambiance qui arrive doucement. Ils seront même peut-être interpellés par les conversations dont ils seront témoins dans les couloirs, autour de la machine à café ou à la cantine. Dans les entreprises où nous avons lancé les rencontres autour du challenge, nombreux sont ceux qui au bout de quelques semaines d'ateliers nous ont avoué qu'ils ont regretté de ne pas avoir rejoint le groupe. Dans certaines entreprises aussi, les participants ont choisi d'installer en salle de pause un panneau « J'arrête de râler au boulot » sur lequel ils pouvaient simplement punaiser des outils, des citations, des anecdotes qui les avaient marqués. C'est un bon moyen pour ceux qui ont choisi de rejoindre le groupe de partager avec les autres (ceux qui ont choisi de rester en marge du projet) le chemin parcouru.

---

4. Voir l'histoire du colibri au chapitre 8.

© Groupe Eyrolles

© Groupe Eyrolles



### Et si la direction me dit qu'on n'a pas le temps, ou qu'on fait déjà des choses ?

Cela peut arriver si votre direction n'est pas convaincue du projet, ou bien si elle ne l'a peut-être pas vraiment compris (nous constatons en effet que souvent, les personnes s'arrêtent au titre et ne comprennent pas du premier coup la richesse de la démarche) ou encore si effectivement de nombreux autres projets collaboratifs ou internes, sont déjà organisés. Dans ce cas, à vous de voir si c'est juste une question de timing... et vous pouvez en reparler quelques mois après (et en attendant leur offrir le livre ?) ou si c'est une question de culture... auquel cas vous pouvez commencer « dans votre coin » avec quelques collègues, autour de la machine à café (voir les différents niveaux d'engagement ci-dessus) ?

### Et si mes collègues me reprennent tout le temps quand je râle ?

Ah ça c'est pénible ! Vous êtes en plein dans le challenge, votre bracelet valse à votre poignet, c'est difficile, et en plus les autres pointent dès qu'ils le peuvent ces moments où vous râlez malgré vous ! Il y a de quoi se mettre en colère, non ?

Le mieux est de répondre avec humour... en évitant de râler ! Par exemple « eh oui c'est dur... et toi tu commences quand ? »

« Lorsque j'ai lancé le premier challenge J'arrête de râler au boulot, dans mon entreprise, les dix participants volontaires y allaient de façon prudente, se demandant où ils mettaient les pieds. Les débuts n'ont pas été faciles, car il fallait se mouiller, s'ouvrir, parler de soi, de ses frustrations. En regardant en face nos râleries, nous devions explorer nos limites et nos faiblesses. Pourtant, à l'issue de cette aventure collective, les participants repartent avec l'inverse de ce qu'ils craignaient. Ils témoignent de leur satisfaction d'avoir gagné en capacité d'action, certains nous partagent même cette fierté d'avoir l'impression d'avoir repris leur vie en main. Ils voient le quotidien professionnel avec des lunettes moins grises, et savent comment agir pour trouver plus de satisfaction chaque jour. »

Emmanuelle

### Et si mes collègues se moquent de moi ?

« N'importe quoi, j'arrête de râler, c'est bizarre votre truc », « Alors, on peut dire ce qu'on veut maintenant, tu ne râles plus ? », « Vous perdez votre temps, chacun son truc, nous, on bosse », etc. Lorsque vous participez au challenge, il peut arriver que les personnes qui ne font pas les ateliers se moquent de vous et de votre initiative. La moquerie, c'est souvent comme la râlerie, c'est un moyen de se défendre ! C'est un mécanisme qui permet à celui qui l'utilise de se détourner de son vécu émotionnel qui est généré par la situation. Cela permet d'éviter d'affronter ce que la situation nous révèle. Le collègue qui se moque de vous peut en effet être interpellé par votre démarche, voire touché. Il perçoit, plus ou moins consciemment, qu'il pourrait être concerné par le sujet... peut-être même plus concerné que vous. Se moquer lui permet de minimiser le problème de râler, et de ne pas l'affronter. Il n'y a pas de jugement à avoir sur cela mais plutôt de la compassion : s'il en est à se moquer pour éviter de se laisser toucher par le sujet, c'est que cette réflexion et ce changement serait trop risqué pour lui, là où il en est de son parcours.

Nous n'avons pas tous les mêmes capacités d'évolution personnelle. Certains sont enfermés dans des schémas de fonctionnement très anciens, profonds, et les remettre en question peut s'avérer trop douloureux pour eux. C'est comme un édifice : s'il s'agit de refaire la charpente, le coût est acceptable, mais s'il s'agit de toucher aux fondations, le risque est que tous les murs s'écroulent. On se moque également lorsqu'on ne comprend pas une démarche, ou lorsqu'on sent que l'autre a de l'avance sur nous et que nous sommes jaloux ou envieux. Si vous recevez des moqueries pour ce challenge, entraînez-vous à l'indifférence bienveillante. Vous seul connaissez le secret des bénéfices de ce challenge, n'essayez pas de convaincre à tout prix. Ce qui compte, c'est le changement profond, dans votre comportement, dont vous serez le témoin.

## Les entreprises pilotes

Quand nous avons pris la décision d'écrire ce livre, très rapidement, il nous a semblé évident que nous ne souhaitions pas écrire simplement un livre qui vous invite à lancer le challenge J'arrête de râler dans votre entreprise, sous forme d'injonction. Nous avions envie de vivre le challenge

© Groupe Eyrolles

© Groupe Eyrolles

dans plusieurs entreprises pilotes en amont et se servir de ce que nous allions apprendre et observer sur le terrain pour extraire les enseignements clés de ce livre. Nous voulions d'abord tester, observer, accompagner ceux qui avaient l'audace de tenter l'aventure, et ensuite vous raconter à travers ces pages ce qui pouvait devenir possible quand une équipe ou plusieurs collaborateurs décident de regarder en face leurs râleries pour ensemble adopter une posture plus constructive et satisfaisante sur le quotidien.

Ainsi, quatre entreprises nous ont suivies dans notre parcours pilote :
- la ville de Suresnes ;
- une filiale du groupe Groupama ;
- Idix/FémininBio ;
- une filiale de Suez Environnement.

### La ville de Suresnes

La ville a choisi de proposer un parcours de formation aux agents travaillant au sein du pôle Petite enfance au service de 17 crèches. Ce service était depuis plusieurs années dans une démarche globale de qualité, avec la mise en œuvre d'un diagnostic suivi de l'élaboration d'un référentiel de la qualité d'accueil, assorti d'une campagne d'auto-évaluation des structures. Toutefois, la démarche de changement se heurtait en pratique à une difficulté : la propension à voir d'abord le côté négatif des choses. Cette attitude ralentissait la motivation des équipes et peu à peu, la confiance en soi et l'envie de progresser des agents étaient impactées.

L'objectif de la mise en place des ateliers était d'encourager les équipes à changer de regard et à promouvoir les réussites, les possibilités, plutôt que les manques, les obstacles et les échecs. L'enjeu visé était de « faire de chacun un acteur de solutions » pour relancer la démarche qualité en s'appuyant sur les valeurs partagées par tous les établissements : respect, communication et bienveillance.

Ainsi, un dispositif de formation sur plusieurs semaines a été mis en place auprès de l'ensemble des directrices de crèches et de leurs adjoint(e)s, ainsi que de l'équipe de psychologues et des cadres administratifs de ce pôle.

Une conférence/atelier de 3 heures, animée par Christine Lewicki, a été ensuite proposée à l'ensemble du personnel (250 agents) lors de leur

journée de formation annuelle. Cette journée fut un grand temps fort de la démarche. Pendant ces ateliers, un travail de fond a été fait et a permis d'engendrer un véritable changement d'attitudes individuelles et collectives favorables à la recherche de solutions aux problèmes rencontrés et à la poursuite de la démarche de qualité.

Caroline Vattaire, à l'origine de ce projet (et qui a eu l'audace de le porter et de surmonter les obstacles sur le chemin de sa mise en place), a reçu le premier prix de l'innovation managériale. Ce prix, organisé par la ville de Suresnes, a pour objectif de reconnaître le rôle du manager de proximité comme « capitaine d'équipe, communicant, ou coach » et sa capacité à impulser une dynamique de changement auprès de son équipe.

### Une filiale du groupe Groupama

Emmanuelle Nave, co-auteure de ce livre, a voulu elle aussi vivre ce challenge avec ses collègues. La filiale dont elle était la DRH à l'époque, Groupama Protection Juridique, regroupait une centaine de salariés. C'était une PME en fort développement avec de bons résultats économiques. Le climat social était ambigu : une forte convivialité régnait au sein de l'entreprise, avec une réelle proximité des salariés entre eux et un plaisir du collectif ; et en même temps, à la direction, nous avions le sentiment d'entendre beaucoup de plaintes de la part des salariés sur leur quotidien. Nous en connaissions les raisons : une charge de travail en forte croissance, une migration informatique d'envergure, des process à réviser, et des actes d'incivilités croissants de la part des clients (l'activité de la filiale nécessite un contact téléphonique important avec les clients). Du côté de la direction, nous étions partants pour analyser le problème et trouver des solutions, avec les salariés, mais pour cela, il fallait réussir à sortir de la plainte pour aller vers de la construction efficace. Le challenge J'arrête de râler a été une action parmi d'autres qui ont contribué à donner plus de liberté d'expression aux salariés, plus de possibilités de contribution au projet de l'entreprise, pour les rendre acteurs du changement.

La filiale s'est ensuite engagée sur un chemin de refonte de sa stratégie de relation client, en appliquant la symétrie des attentions : l'attention que l'on recherche de la part du salarié pour le client, doit être appliquée de la part de l'entreprise et du management pour le salarié.

© Groupe Eyrolles

L'expérience J'arrête de râler au boulot menée à Groupama Protection Juridique a été nominée dans les finalistes du challenge Top Succès Groupama, qui récompense les initiatives internes, innovantes et au service des axes stratégiques du groupe, qui compte l'engagement des collaborateurs.

## Idix/FémininBio

Au moment où Michaël Amand, directeur général de IDIX, a accepté de mettre en place le challenge, la société Palpix s'apprêtait à fusionner avec une entreprise appelée IDÉ. Le nom de l'entreprise allait changer (pour devenir IDIX) et les équipes s'apprêtaient à déménager dans de nouveaux locaux aux côtés de personnes nouvelles. Michaël a ressenti l'importance d'insuffler du positif et une vraie dynamique de « solutions ». Il était aussi en charge de la société FémininBio, qui vivait quant à elle aussi une transition avec l'arrivée d'une nouvelle directrice des opérations.

L'idée était de permettre à chacun de se rendre compte que les râleries du quotidien ont un impact négatif sur la vie en entreprise et sur sa vie personnelle. En se rendant compte qu'en effet, nous râlons parfois pour pas grand-chose et que cela ne permet pas d'avancer, c'est déjà une étape importante. Cependant, certaines personnes ont plus conscience des râleries des autres que de leur propres râleries ! Difficile dans ce cas de changer !

Dans ce contexte, le challenge a permis aux participants de prendre du temps ensemble (rapprochement entre les membres) et de bien identifier quelques solutions pour mieux réagir aux complexités du quotidien. Au-delà des participants, le challenge était dans la tête de nombreux employés de IDIX et FémininBio et cela permettait, dans certains cas, de blaguer sur le sujet et ainsi de relativiser quand certains commençaient à râler.

## Une filiale de Suez Environnement

L'agence charentaise de Suez, c'est l'histoire d'une PME familiale rachetée par un grand groupe, et qui subit une transformation aux forceps pour rendre son fonctionnement compatible avec les process du groupe : désorganisation, modifications de postes, transfert de compétences en central, tronçonnage des tâches, et pour beaucoup une perte de sens.

© Groupe Eyrolles

Au moment où Gilles Gravereaux, le directeur d'agence, entend parler du challenge J'arrête de râler, il vient en plus de recevoir un courrier de la médecine du travail qui sent une fragilité au sein des équipes et lui conseille de faire une analyse des risques psychosociaux. La conviction de Gilles à ce moment-là, c'est d'une part la nécessité pour la structure et les salariés, de retrouver des repères, du sens, mais également d'accepter que la vision du présent n'est plus celle du passé. Gilles a bien sûr fait son travail de dirigeant en redonnant une vision commune, en l'explicitant et en la partageant, dans la proximité, mais sa conviction était également qu'il fallait aller plus loin, pour donner à chacun un regard différent sur la vie, pour une acceptation profonde, intime, du changement. Gilles nous a partagé cette image qui guide souvent son action : ne pas chercher les clés que l'on a perdues là où est dirigée la lumière, sous le lampadaire, mais oser un pas de côté, dans l'inconnu… pour trouver peut-être, en plus du trousseau, un autre objet précieux que l'on ne voyait pas !

Cette PME a donc mis en place des actions qui s'adressent à l'être du salarié dans sa globalité : prendre soin de son corps (séance d'ostéopathie), prendre soin de son âme (partenariat avec le Fonds régional d'art contemporain, présentation d'œuvres dans l'entreprise avec médiateur), prendre soin de son cœur, avec le challenge J'arrête de râler. Le challenge est apparu pour l'entreprise être une opportunité de tester une méthode alternative qui permet de porter le changement au plus profond des participants, en modifiant le filtre intérieur sur la vie et les évènements, en acceptant les contraintes qui nous sont imposées, et en inventant, en créant le présent que nous pouvons vivre avec ces contraintes. Bien sûr, plusieurs résistances sont apparues, pour faire ce pas de côté : le CHSCT souhaitait piloter la démarche ; le médecin du travail recommandait un intervenant précis et le groupe auquel appartient la PME craignait d'ouvrir la boîte de Pandore, de prendre un risque social majeur en osant une démarche nouvelle… sans savoir où cela mènerait l'entreprise. Proposer quelque chose de nouveau, c'est accepter de créer une sorte de déséquilibre ; le déséquilibre, c'est ce qui permet pourtant de marcher, et d'avancer. Si l'on reste stable sur ses deux pieds… on ne bouge pas !

© Groupe Eyrolles

# *The end* (ou plutôt un nouveau début !)

*« Le pessimisme est d'humeur, l'optimisme est de volonté. Tout homme qui se laisse aller est triste. »*

**Alain,** *Propos sur le bonheur*

Nous voici à la fin de ce livre. Nous vous remercions d'avoir passé ce temps précieux avecwwous et nous espérons avoir pu vous apporter des clés pour améliorer votre vie et la manière dont vous vivez votre quotidien au boulot.

Ce challenge est un mode d'emploi aux instructions très simples. Un jeu finalement, mais un jeu qui peut avoir des conséquences profondément joyeuses et puissantes dans votre quotidien. C'est un défi qui vous invite à changer votre posture et qui va vous ouvrir les portes d'une nouvelle réalité. Et ça marche ! Nous avons pu le constater dans notre propre vie, mais aussi dans la vie des centaines de personnes que nous avons accompagnées en individuel et en entreprise.

Pour illustrer notre propos, nous voudrions partager le témoignage de Christine à l'issue de son challenge :

« Voilà, j'ai réussi à tenir 21 jours consécutifs sans râler, et je suis fière de moi. Je dois tout de même avouer qu'avec le temps, ce challenge est devenu de plus en plus naturel, de plus en plus simple pour moi. Finalement, râler, petit à petit, a disparu de mes options. Désormais, quand je me retrouve face à un problème ou une frustration, l'éventail de mes possibilités est élargi. Je peux :

- changer de point de vue ;
- gérer la situation au plus vite en faisant de mon mieux ;
- communiquer sans juger et trouver un accord ;
- patienter ;
- faire des ajustements pour éviter que le problème ne se reproduise...

© Groupe Eyrolles

Ne plus râler est un véritable soulagement, car j'ai l'impression d'avoir supprimé une nuisance. Une nuisance qui me polluait, m'empêchait de vivre pleinement ma vie, une nuisance qui me limitait, me rendait victime et en même temps accusatrice. En faisant le challenge et en m'engageant à ne pas râler pendant 21 jours consécutifs, j'ai pu développer un optimisme concret qui a été une vraie source de libération et de reprise de pouvoir sur ma vie. Je sens que je peux aller de l'avant et je sais qu'il existe désormais plus de possibles à activer que d'obstacles à surmonter. Je me sens solide, sereine et inébranlable. »

Pour réussir ce challenge, il faut d'abord le choisir et pour le choisir, il faut pouvoir mesurer combien cela nous coûte de ne pas le faire. Pour Christine, ce fut le moment où elle a réalisé qu'elle voulait apprendre à savourer son quotidien, cette vie qu'elle appelle « ordinaire et pas toujours sexy » (avec les enfants, la maison, les factures, le boulot, les collègues, les clients, le patron…). Mais après avoir choisi de se lancer dans le challenge, il est aussi important de rester engagé dans le processus de transformation, notamment lorsque celui-ci est parfois inconfortable. Dans ces moments-là, votre curiosité sera votre meilleur atout. Cette curiosité de découvrir à quoi pourra ressembler votre vie sans râleries.

Ce challenge est le vôtre. À vous de vous prendre en main et d'y croire. Nous n'avons aucun doute sur votre capacité à y arriver. Si vous vous lancez, nous serions très touchées que vous nous partagiez votre expérience… nous vous attendons dans la section « Ils l'ont fait » du blog www.jarretederaler.com. À bientôt !

© Groupe Eyrolles

# Bibliographie


Christophe André, *Imparfaits, libres et heureux*, Odile Jacob, 2009

Thomas d'Ansembourg, *Cessez d'être gentil, soyez vrai : être avec les autres en restant soi-même*, Éditions de l'Homme, 2014 (DVD inclus)

Angeles Arrien, *Les Quatre Voies de l'initiation chamanique*, Véga, 2004

Marcelle Auclair, *Le Livre du bonheur*, Seuil, 2004

Marc Aurèle, *Pensées pour moi-même*, Flammarion, 1999

Will Bowen, *21 jours sans se plaindre*, Éditions de l'Homme, 2015

David D. Burns, *Se libérer de l'anxiété sans médicaments : la thérapie cognitive, un autotraitement révolutionnaire de la dépression*, J.-C. Lattès, 1996 (voir aussi son site en anglais : www.feelinggood.com/Dr_Burns. htm)

Alain Caillé et Jean-Édouard Grévy, *La révolution du don. Le management repensé à la lumière de l'anthropologie*, Seuil, 2014

Dalaï-Lama (avec Howard Cutler), *L'Art du bonheur : sagesse et sérénité au quotidien*, J'ai lu, 2000

Philippe Détrie, *Les Réclamations clients*, Eyrolles, 2007

Hale Dwoskin, *La Méthode Sedona : l'art du lâcher-prise*, Éditions du Gondor, 2010

Épictète, *Manuel d'Épictète*, Flammarion, 1999

Daniel Todd Gilbert, *Et si le bonheur vous tombait dessus*, Robert Laffont, 2007

Laurent Gounelle, *Dieu voyage toujours incognito, L'Homme qui voulait être heureux*, Anne Carrière, 2010

Byron Katie, Stephen Mitchell, *Aimer ce qui est : vers la fin de la souffrance*, Ariane, 2003

Henri Laborit, *Éloge de la fuite*, Robert Laffont, 1976

George Lesage (George Ghanotakis), *La Caverne et l'Ange gardien*, Éditions Porte-Bonheur (CRAM – Institut Philos), 2004

Jacques-Antoine Malarewicz, *Petits deuils en entreprise*, Pearson, 2011

Gonzagues et Chantal Masquelier, *Le Grand Livre de la Gestalt*, Eyrolles, 2012


© Groupe Eyrolles

Wayland Myers, *Pratique de la communication non violente : établir de nouvelles relations*, Jouvence, 2007

Matthieu Ricard, *Plaidoyer pour le bonheur*, Nil Éditions, 2003

Marshall B. Rosenberg, *Les mots sont des fenêtres (ou bien ce sont des murs)*, La Découverte, 2004

Marshall B. Rosenberg, *La Communication non violente au quotidien*, Jouvence, 2003

Don Miguel Ruiz, *Les Quatre Accords toltèques : la voie de la liberté personnelle*, Jouvence, 2005

Sénèque, *De la tranquillité de l'âme*, Mille et une nuits, 2003

Sénèque, *De la brièveté de la vie*, Mille et une nuits, 1998

Sénèque, *De la vie heureuse*, Flammarion, 2005

Sénèque, *Lettres à Lucilius*, Mille et une nuits, 2002

Marci Shimoff, *Heureux sans raison : la quête d'un bonheur pur et véridique*, Monde différent, 2009

Yves-Alexandre Thalmann, *Les gens heureux ne s'inquiètent pas de savoir si c'est vrai : ils se racontent de belles histoires*, Marabout, 2014

Yves-Alexandre Thalmann, *Petit Cahier d'exercices pour voir la vie en rose* (illustré par Jean Augagneur), Jouvence, 2015

Yves-Alexandre Thalmann, *Petit Cahier d'exercices d'entraînement au bonheur*, Jouvence, 2009

Yves-Alexandre Thalmann, *Petit Cahier d'exercices pour vivre sa colère au positif*, Jouvence, 2014

Eckhart Tolle, *Le Pouvoir du moment présent*, J'ai lu, 2010

Eckhart Tolle, *Nouvelle Terre : l'avènement de la conscience humaine*, Ariane, 2005

Marianne Williamson, *Un retour à l'amour : manuel de psychothérapie spirituelle : lâcher prise, pardonner, aimer*, J'ai lu, 2010

# Table des matières



© Groupe Eyrolles

© Groupe Eyrolles

© Groupe Eyrolles

# Du même auteur

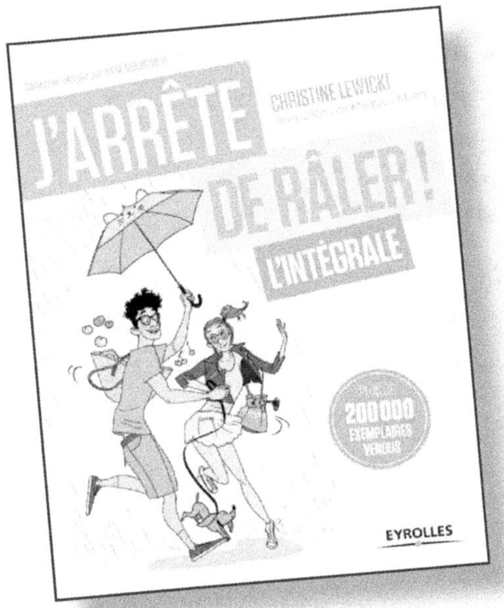

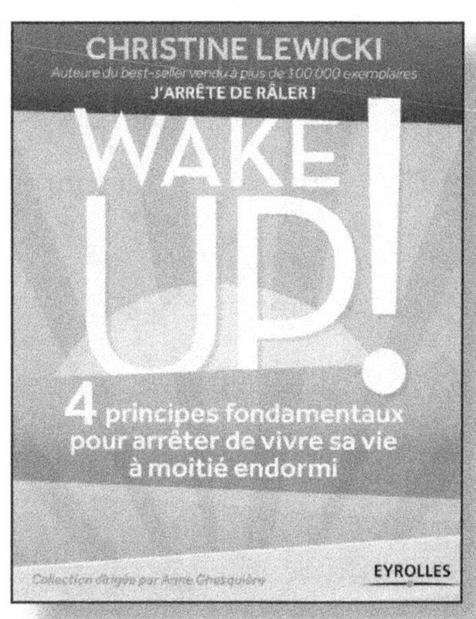

Imprimé en Allemagne par BoD

Dépôt légal : juillet 2018

Merci d'avoir choisi ce livre Eyrolles. Nous espérons que votre lecture vous a plu et éclairé(e).

Nous serions ravis de rester en contact avec vous et de pouvoir vous proposer d'autres idées de livres à découvrir, des événements avec nos auteurs, des jeux-concours ou des lectures en avant-première.

Intéressé(e) ? Inscrivez-vous à notre lettre d'information.

Pour cela, rendez-vous à l'adresse go.eyrolles.com/newsletter ou flashez ce QR code (votre adresse électronique sera à l'usage unique des éditions Eyrolles pour vous envoyer les informations demandées) :

Vous êtes présent(e) sur les réseaux sociaux ? Rejoignez-nous pour suivre d'encore plus près nos actualités :

Eyrolles Psycho et Développement personnel

@des_livres_qui_font_du_bien

@EyrollesPsycho

Merci pour votre confiance.
L'équipe Eyrolles

P.S. : chaque mois, 5 lecteurs sont tirés au sort parmi les nouveaux inscrits à notre lettre d'information et gagnent chacun 3 livres à choisir dans le catalogue des éditions Eyrolles. Pour participer au tirage du mois en cours, il vous suffit de vous inscrire dès maintenant sur go.eyrolles.com/newsletter (règlement du jeu disponible sur le site).

www.ingramcontent.com/pod-product-compliance
Lightning Source LLC
LaVergne TN
LVHW060121060726
842526LV00009B/2724